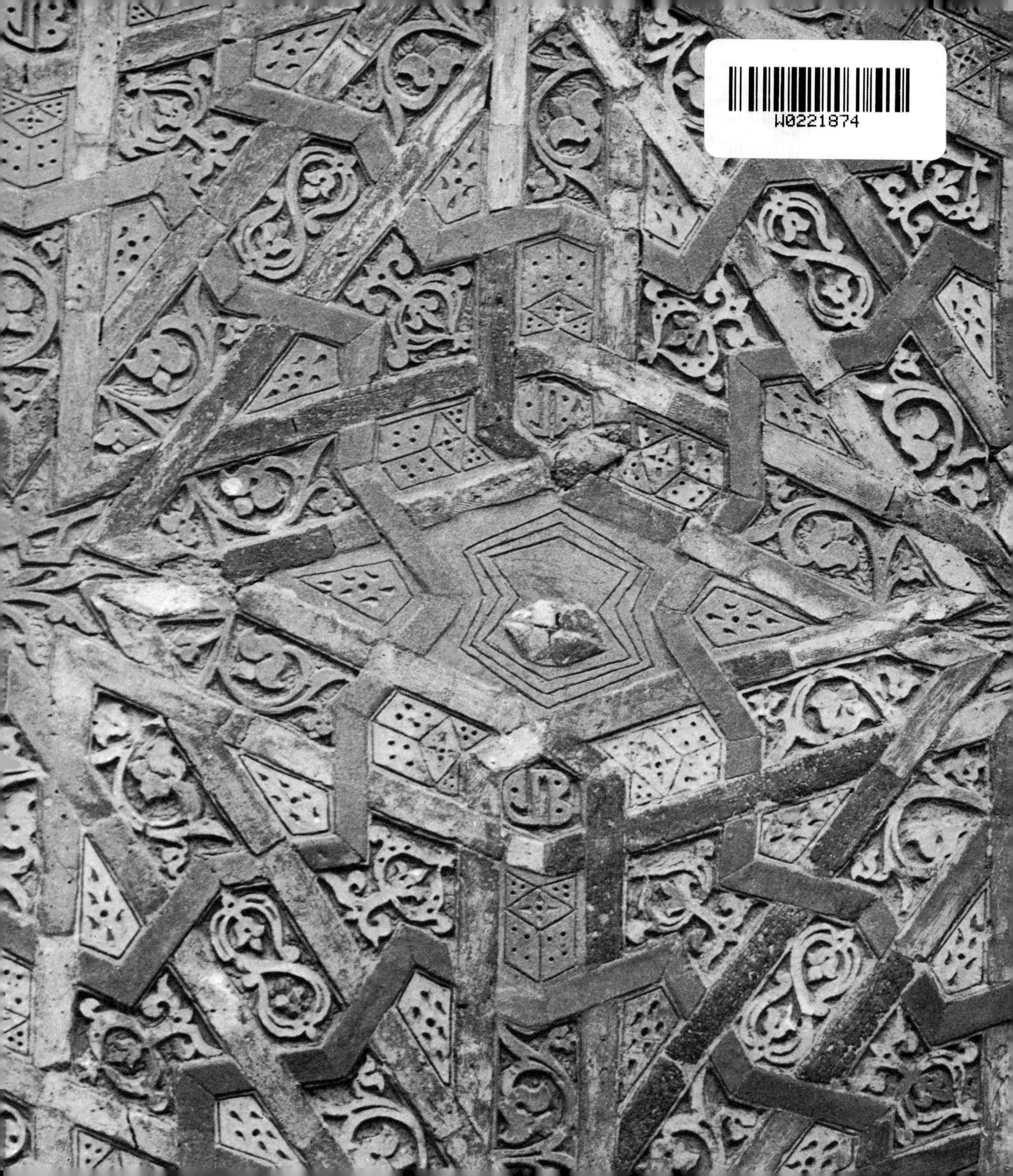

Aserbaidschan

Aserbaidschan

Paläste, Türme, Moscheen

Paläste, Türme, Moscheen

Fotos von
Károly Gink

Text von
Ilona Turánszky

Verlag Werner Dausien · Hanau

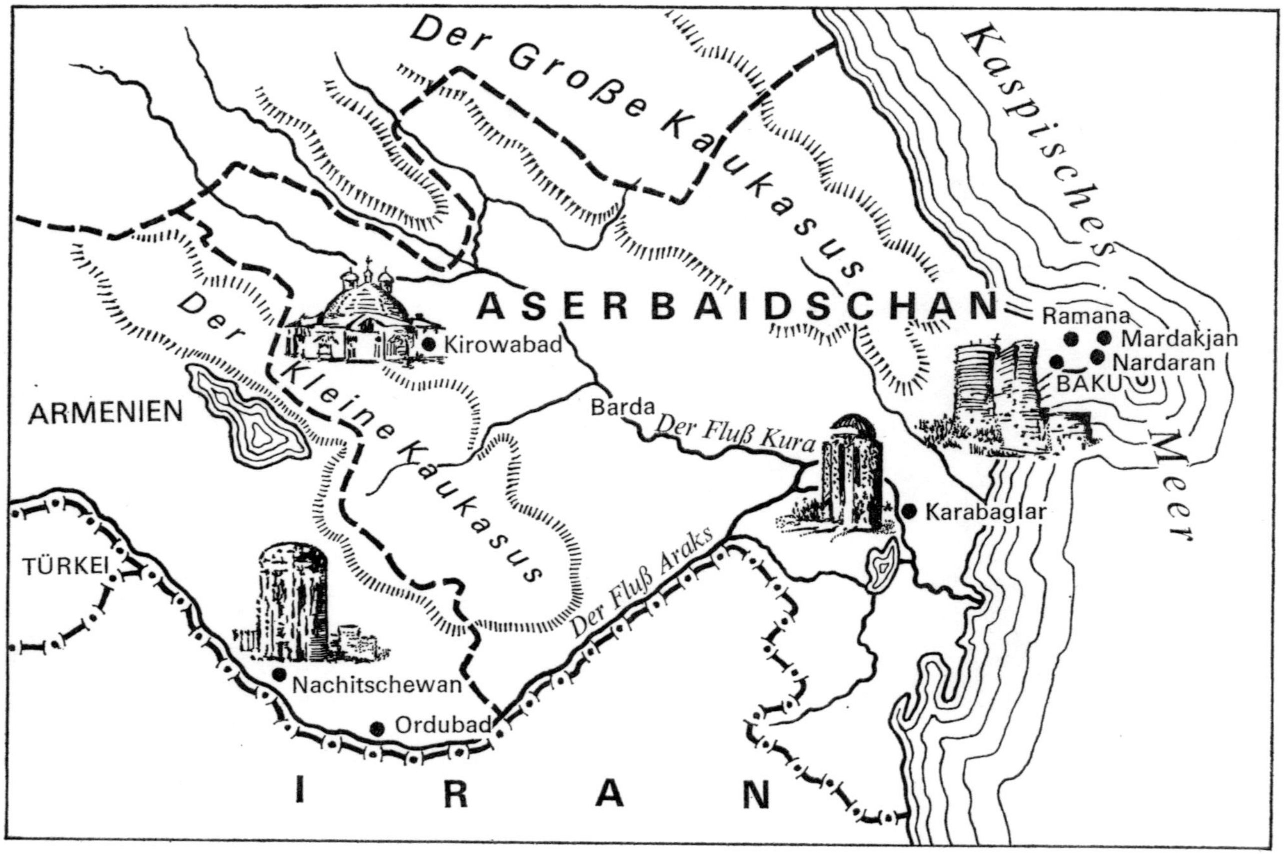
Der Große Kaukasus
Kaspisches Meer
ASERBAIDSCHAN
Ramana
Mardakjan
Nardaran
BAKU
Kirowabad
Der Kleine Kaukasus
ARMENIEN
Barda
Der Fluß Kura
Karabaglar
TÜRKEI
Der Fluß Araks
Nachitschewan
Ordubad
IRAN

Inhalt

Originaltitel: AZERBAJDZSÁN
Paloták, tornyok, mecsetek
Corvina Kiadó, Budapest 1976

Aus dem Ungarischen übersetzt
von Tilda und Paul Alpári
Textabbildungen: Zoltán Kemény
Karte: Gyula Gáll
Buchausstattung: István Faragó
VERLAG WERNER DAUSIEN · HANAU · 1980
ISBN 3-7684-1955-X

Kurze Geschichte Aserbaidschans

Wenn wir uns den transkaukasischen Ländern von Norden oder Nordosten her nähern, dann kommen wir bei der Stadt Derbent, nahe den nördlichen Abhängen des Kaukasus, zum Kaspischen Meer. Am Knotenpunkt der verkehrsreichen alten Karawanenstraßen entstand ein schmaler Durchgang: Bab-ul-abwab, das Tor zum Osten. Hier beginnt der Orient, der sich vom Westen sowohl in Religion, Moral und Sitten, in Wissenschaft, Kunst und Architektur, in Technik und Weltanschauung, in Hautfarbe und im Begriff der Zeit als auch in der Bewertung der Taten unterscheidet. 25 Kilometer südlich vom Tor zum Osten beginnt Aserbaidschan.

An der Grenze zwischen Ost und West zu leben, bedeutete immer ein schweres Schicksal. Die Geschichte Aserbaidschans spiegelt das Aufeinanderprallen der Eroberungsgelüste von Großmächten wider. Dieses Gebiet geriet nicht nur politisch, sondern auch kulturell unter verschiedene Einflüsse. Die Wurzeln der aserbaidschanischen Kunst gehen hauptsächlich auf südliche, türkische, persische und mesopotamische Quellen zurück, doch weisen sie auch auf indische und chinesische Beziehungen hin.

Aserbaidschan war Jahrtausende hindurch ein wichtiger Knotenpunkt der westlichen, östlichen und südlichen Handelsstraßen. Die Einwohner des Landes kamen mit vielerlei Menschen und Gewohnheiten in Berührung. Ihre Sprache ist ein Gemisch vieler alter und neuer Sprachen. Doch diese Verschmelzung kennzeichnet nicht nur die Sprache, sondern auch das Volk selbst. Die Literatur der Jahrhundertwende nennt das aserbaidschanische Volk noch kaukasische Türken oder kaukasische Tataren.

Aserbaidschan gehört seit mehr als einem halben Jahrhundert zur UdSSR und ist eines der südlichst gelegenen Länder dieses Staates. Sein Territorium umfaßt 86 600 Quadratkilometer. Im Westen grenzt es an Armenien und Georgien, im Süden an die Türkei und den Iran und im Osten an das Kaspische Meer. Nur wenige Länder können eine ähnlich wechselvolle Landschaft aufweisen. In Mittelaserbaidschan liegt die fruchtbare Kura-Arax-Niederung mit Obstgärten, Tee- und Baumwollplantagen, jenseits der Talebene erstrecken sich im Frühjahr grünende Weiden der Mughan-, Mil- und Schirwan-Steppen, die sich im Sommer in gelbgebrannte Erde verwandeln. Die Steppe wird an der einen Seite vom Meer begrenzt, an der anderen von den Bergriesen des Kaukasus, die sich über 1 100 Kilometer hinziehen. Der 4 466 Meter hohe Basardjusju im Großen Kaukasus und der 3 724 Meter hohe Gjamysch im Kleinen Kaukasus sind die höchsten Berge. In einer Höhe von über 3 000 Meter liegt ewiger Schnee, und unter ihm gleiten seit Millionen Jahren die Gletschermassen millimeterweise nach unten. In den scharfrandigen senkrechten Schluchten herrscht vollkommene Stille, alles ist in dunkelgrünes Licht getaucht. Unter-

halb der Schneegrenze gleichen die unzugänglichen Gesteinshalden einer Mondlandschaft. Weiter unten lugen aus den Spalten der Granitwände hier und da kümmerliche Moose und Flechten — die ersten Zeichen des Lebens — hervor. In einer Höhe von etwa 2 000 bis 2 300 Meter wachsen an den Nordabhängen der Berge riesige Nadel- und Laubbäume. Bei Sturm sind diese Berge furchterregend, im Sonnenschein überwältigend und unvergeßlich schön.
Das Gebiet Aserbaidschans hat ein sehr unterschiedliches Klima: Die Skala reicht vom ewigen Schnee bis zum subtropischen Klima. Bei den häufigen Stürmen wirft das Meer 11 bis 13 Meter hohe Wellen an die Küste, aber in der südlichen Kirow-Bucht ist der Wasserspiegel immer glatt. Im Naturschutzgebiet von Kisilagatsch leben Flamingos, Pelikane und Schwäne, südlich davon trifft man noch heute in den Bergen oder in den Wäldern von Talysch Tiger und Leoparden an.
Aserbaidschan hat ungefähr fünf Millionen Einwohner. Zwei Drittel der Bevölkerung sind Aserbaidschaner, ein Viertel Russen und Armenier, den Rest bilden viele andere kleinere Nationalitäten. Die eine Hälfte der Bevölkerung lebt in Städten, die andere in städtischen Siedlungen und Dörfern. Die größte Stadt ist die Hauptstadt Baku mit 1,3 Millionen Einwohnern. Mit ihrer Anziehungskraft können die übrigen Städte (Kirowabad, Sumgait oder Ali Bajramli) nicht konkurrieren. Das Land bewahrt Spuren von ältesten menschlichen Siedlungen, die durch die Ausgrabungen der letzten Jahrzehnte tiefe Einblicke in die Urgeschichte der kaukasischen Völker ermöglichen.
Die ins Kaspische Meer ragende Halbinsel Apscheron war schon vor 30 000 bis 40 000 Jahren von Menschen bewohnt. 60 Kilometer südlich von Baku, in Kobistan, hat man Spuren von Menschenhorden der Urzeit gefunden. In den Gebirgen Bajukdasch und Kitschikdasch zeugen etwa 2 000 Höhlenzeichnungen von einstigen Wohnstätten des Menschen. Die 3 000 bis 4 000 Jahre alten Zeichnungen sind bildliche Darstellungen von Jagdszenen u. a. An den geschützten Seiten der Felsen von Kobistan und in den Felsspalten finden wir Zeichnungen von Menschen- und Tiergestalten, Jägern, Tänzern, sog. Tropenhelm-Menschen, großen Trommeln, die die kultischen Tänze begleiten, sowie Hirsche und Ziegen.
Ein beachtenswerter Fund wurde 10 Kilometer von Kasak im Dorf Dassalahli und seiner Umgebung gemacht. In den mehr als 100 Höhlen des Abedag-Berges kamen die Spuren von Urmenschen aus dem Paläolithikum zum Vorschein. Man hat hier zahlreiche Arbeitsgeräte und Bruchstücke von Gefäßen gefunden.
Aus dem Neolithikum sind auch Beweise für Tierzucht, vor allem Rinderzucht, und

Nachitschewan, Mu'mine-Chatun-Mausoleum. 1186

Nachitschewan, Teilansicht des Mu'mine-Chatun-Mausoleums. 1186

Ackerbau vorhanden. Am Kilik-Dag wurde eine urzeitliche Flintsteinindustrie entdeckt.

Besonders wichtig sind die archäologischen Funde aus dem Bezirk Haular im Gebiet zwischen den Flüssen Kandshatschai und Kuraktschai sowie aus der Nähe des Kilik-Dag. Dort wurden Gräber aus dem Paläoithlikum und der Bronzezeit gefunden, die verzierte Gefäße mit Vogelköpfen und Flügeln und vasenförmige Lämpchen enthielten. In Kültepe, 8 Kilometer von Nachitschewan, wurde seit langer Zeit vulkanischer Bimsstein abgebaut. Nachdem der Bimssteinberg fast abgetragen war, stieß man auf die Ruinen einer kleinen Siedlung mit Häusern aus Stein und Lehmziegeln, wahrscheinlich Wohngebäude, Ställe und kultische Bauten. Unter dem Schutt wurden in drei Schichten viele Gebrauchsgegenstände und Bruchstücke von Arbeitsgeräten gefunden. Die untere Schicht stammt aus der Kupfer-, die mittlere aus der Bronze- und die oberste aus der frühen Eisenzeit. Sehr viele Pfeilspitzen, Schmuck, Schnallen und Ziergegenstände wurden freigelegt, ein neuer Beweis dafür, daß man im 3. Jahrtausend v. Chr. die Eisenbearbeitung bereits kannte und sie meisterhaft beherrschte. Die Verbreitung dieser Technik war von enormer wirtschaftlicher Bedeutung, denn die härteren Werkzeuge trugen erheblich zur Vervollkommnung der landwirtschaftlichen Arbeiten bei. Der Ackerbau war damals bereits zur Lebensgrundlage der Menschen geworden.

Viele Funde kamen auch in Mingetschaur am Ufer des Flusses Kura, im Vorgebirge des Großen Kaukasus, zum Vorschein. In den aufeinanderfolgenden Schichten wurden von der frühen Eisenzeit (3. Jahrtausend v. Chr.) bis zum Mittelalter aus jeder Epoche nicht nur Gebrauchsgegenstände, Geräte, Waffen, Schmuck und Gefäße, sondern auch Gebäuderuinen, zusammenhängende Komplexe und Gräber erschlossen. Man fand Brennöfen, die Grundmauern eines Tempels, Wohnhäuser und auch unterschiedlich gestaltete Gräber. Einer der interessantesten archäologischen Funde stammt aus Sagdu: der Bronzefuß eines Thronsessels in Gestalt eines Greifen. Ähnliche Funde wurden auch im Gebiet von Bajukdasch, Jaloilutepe und in anderen Dörfern gemacht. Daraus kann man schließen, daß es in Aserbaidschan eine kontinuierliche kulturelle Entwicklung gab.

Ende des 3. Jahrtausends v. Chr. lebten in einigen Gebieten des heutigen Aserbaidschan und des iranischen Kurdistan die Stämme der Lullube und der Guti. Diesen Stämmen schlossen sich im 1. Jahrtausend v. Chr. die Kaspi- und Kadussivölker an, und später mischten sich von Norden, vom Großen Kaukasus her, die Skythen und Kimmerer unter sie. Im Laufe der Entwicklung verbündeten sich diese Stämme und gründeten den Staat

Mannai oder Munna. Ihr südlicher und südöstlicher Nachbar war Medien mit der Hauptstadt Isirtu oder Syrta. Die Mannäer führten lange Kriege mit Assyrien, Urartu und Medien. Von der Kultur zeugen reiche archäologische Funde. 87 Kilometer von Jewlah erschloß man am Fluß Karkatschai auf der Hodschaer Wiese mehr als hundert Kurgane (Hügelgräber). Die Funde geben einen umfassenden Überblick über die Wandlungen der Kulturen in den beiden Jahrtausenden v. Chr. In wissenschaftlichen Kreisen wurde aus den Funden eine Glasperle berühmt, auf der der Name des assyrischen Herrschers Adad-Nerari III. zu lesen ist, sie muß demnach in der Zeit von 811 bis 782 v. Chr. entstanden sein.

Im Südteil des Landes, in der Gegend von Nachitschewan und Schamhora, zeugen einfache quadratische oder runde Bauten in zyklopischer Bauweise vom Leben im 2.–1. Jahrtausend v. Chr. Die Steine haben vielfach einen Durchmesser von drei Metern, ihr Gewicht beträgt mehrere Tonnen. Ohne Mörtel fügte man sie mit Hilfe einer uns unbekannten Hebevorrichtung ineinander. Neben starken Befestigungen fand man Wohnhäuser, Speicher, Stallungen und Kultbauten.

Die archäologischen Funde in Aserbaidschan zeugen nicht nur von einem hohen Stand der alten Kultur, sie zeigen uns auch, daß ihre Motive in der Volkskunst weiterleben. Die Volkskunst schöpfte vor allem aus den benachbarten assyrischen und medischen Kulturen, die sie ihren eigenen Möglichkeiten anpaßte und nach ihrem Geschmack gestaltete. N. N. Meschtschanikow ist der Meinung, daß die aserbaidschanische Urkultur einen spezifischen, lokalen Charakter trug und nur stellenweise einen gewissen Urartu-Einfluß aufweist.

Das älteste zusammenhängende Verteidigungssystem des Landes ist die Burg in Bas-Norassen vom Anfang des 2. Jahrtausends v. Chr. Sie ist auf den Abhängen des Kleinen Kaukasus erbaut, besteht aus zwei ringförmigen Burgmauern, die eine Zitadelle und einen Basteiturm umgeben. Die Schutzmauern beginnen am Ufer des Flusses Arpa-Tschai und verlaufen bis zum äußeren Mauerring der Burg auf der Bergkuppe. So schützten sie nicht nur die Burg, sondern auch die am Ufer verlaufende verkehrsreiche Handelsstraße.

Die Burg und ihre Schutzmauer wurden ohne Mörtel errichtet, und ein hochentwickeltes Steinmetzhandwerk hat die Steinblöcke so perfekt bearbeitet, daß sie ineinandergefügt werden konnten. Nur die kompliziert profilierten, sorgfältig polierten schwarzen Säulensockel der Burg sind erhalten geblieben. Ihre Bearbeitung erweckt im Betrachter ungeteilte Bewunderung.

Der Staat Mannai bestand bis zum Ende des 7. Jahrhunderts v. Chr. Er wurde von den

Medern erobert, die zu jener Zeit die Assyrer und die Skythen besiegten und ein riesiges Reich von Mittelasien bis zum Mittelmeer in Besitz nahmen. Den eroberten Staat Mannai nannten die Chronisten von da an Kleinmedien. Die Herrschaft der Meder war jedoch nicht von Dauer. 500 v. Chr. wurde ihr Land von den Persern überflutet, und auch Kleinmedien wurde eine Provinz des Achämeniden-Staates. Das persische Imperium wurde 331 v. Chr. von Alexander dem Großen gestürzt, der in der Schlacht bei Gaugamela die persischen Heere besiegte und alle hier lebenden Völker unter seine Herrschaft zwang. Die Chroniken vermerken, daß Schönheit, Pracht, Reichtum sowie die riesige Ausdehnung der eroberten Städte das griechische Heer und Alexander den Großen selbst mit Bewunderung erfüllten. Nach dem frühen Tod des Eroberers ist jedoch das große Reich zerfallen. An Stelle von Kleinmedien — im Süden des heutigen Aserbaidschan und Iran — konnte wieder ein selbständiger, unabhängiger Staat entstehen, der seinen Namen nach dem letzten, in der Schlacht von Gaugamela gefallenen, persischen Satrapen Med-Atropatene oder schlicht Atropatene erhielt. Dieses Reich mit der Hauptstadt Gazaka bestand 150 Jahre.

Der nördliche Teil von Atropatene hieß Albania und bildete einen selbständigen Landesteil. (Die Namensübereinstimmung mit dem balkanischen Albanien ist Zufall, die Gebiete und ihre Bevölkerung standen weder damals noch später miteinander in Verbindung.) Hier lebten die kaukasischen Albaner, Legen, Uden und andere Stämme. Atropatene war überaus fruchtbar und seine Landwirtschaft sehr entwickelt. Der griechische Geschichtsschreiber Strabon behauptet, daß „in den Ebenen von Albania die Felder besser bewässert waren als in Babylon oder Ägypten". Hier gediehen Weinreben, Granatäpfel, Mandeln, Nüsse und viele andere Obstsorten. Die Einwohner betrieben Rinderzucht, ihre Handwerker waren durch Eisen-, Bronze-, Keramik- und Glaswaren berühmt.

Albania entwickelte sich langsamer, ein selbständiger Staat bildete sich erst im 3. bis 2. Jahrhundert v. Chr., nachdem sich das Gebiet von Atropatene getrennt hatte. Hauptstadt wurde Kabala, deren Ruinen im Kreis Kutascheni zu sehen sind.

Im Jahre 69 v. Chr. griff der römische Feldherr Pompejus, nachdem er den armenischen König Tigran den Großen besiegt hatte, Albania an. Die blutige Schlacht fand am Ufer des Kura statt. Die Albaner erlitten eine Niederlage, doch stießen die Römer auf einen so starken Widerstand, daß sie nach kurzer Zeit gezwungen waren, das eroberte Gebiet zu verlassen. An die siegreichen Legionen erinnert eine Tafel mit lateinischer Schrift in den Bergen von Kobistan.

Zu Beginn unserer Zeitrechnung waren die Völker Albanias bereits im ganzen Land seßhaft. Sie lebten in Häusern, in organisierten Siedlungen und befaßten sich mit Ackerbau, Viehzucht und Handwerk. Ihre Bauten und technischen Anlagen zeugen von einem hohen Entwicklungsstand.

Aus jener Zeit sind uns nur wenig Denkmäler erhalten. Die wichtigsten archäologischen Funde sind die Ruinen von Kabala. Die Stadt wurde seit dem 1. Jahrhundert v. Chr. häufig von griechischen, römischen, armenischen, georgischen, arabischen und iranischen Reisenden und Geschichtsschreibern erwähnt. Sie entstand an einer verkehrsreichen Karawanenstraße und war ein blühendes Handels- und Kulturzentrum. Das gesamte Stadtgebiet war von einem Netz kommunaler Einrichtungen überzogen, das Trinkwasser wurde durch Röhren aus gebranntem Ton zu den Gebäuden geleitet. Kabala bestand bis zum 14. Jahrhundert. Dann wurde es durch die Mongolen vernichtet. Heute erinnern nur die Burgmauern, die Ruinen der runden Basteien und die großen Stadttore an die einstige Stadt, auf deren Gebiet zahlreiche architektonische Überreste sowie Gefäße, Kacheln usw. gefunden wurden.

Ebenfalls im 1. Jahrhundert wurde jene Stadt gegründet, die in den armenischen Quellen im 9. Jahrhundert von Joannes Katolikos, im 10. Jahrhundert von Stephanos Orbeliani unter dem Namen Jerendschuk erwähnt wurde. Laut Aufzeichnungen wurde die Stadt auf einer uneinnehmbar scheinenden Hochebene erbaut. Ihr Zentrum bildeten der Palast des Herrschers, die Schatzkammer und die militärischen Gebäude, die von einer Mauer umgeben waren. Heute zeugen nur noch Überreste von Wasserleitungsröhren aus gebranntem Ton, Emailkacheln und eine gepflasterte Straße außerhalb der Stadtmauern von der ehemaligen Stadt Jerendschuk.

Besondere Aufmerksamkeit verdienen die Wohngebäude. Die bei Hanlar erschlossenen Wohnstätten aus der Frühbronzezeit waren halb in den Erdboden versenkte Gebäude. Ihre Mauern waren innen mit mittelgroßen Flußkieseln und außen mit größeren Steinen verkleidet. Die sichtbare Mauer bestand also aus zwei mit Lehm gebundenen Schichten. Aus dieser Zeit kennen wir auch reine Lehmgebäude. Das Dach war wahrscheinlich aus Holzbalken, der Fußboden bestand aus einer Lehmschicht.

Die Wohngebäude hatten mehrere Räume. Diese wurden durch Holzbalken voneinander getrennt, beide Seiten dieser Trennwände waren verputzt. Die Verwendung von Flußkieseln setzt ein hohes technisches Wissen voraus, da dieses Verfahren eine größere Geschicklichkeit, statisches Gefühl, Kenntnisse und Genauigkeit erfordert.

Allgemein können wir feststellen, daß die für die nomadischen Völker charakteristische einfache Linienführung, die grellen Farben und schwerfälligen Formen in dieser frühen

Zeit von einer spezifischen individuellen aserbaidschanischen Kunst abgelöst wurden, die von der persischen, babylonischen und assyrischen Architektur und später der griechischen und römischen Kultur beeinflußt war.
Das 3. Jahrhundert brachte wieder eine Wende in Aserbaidschan. Zu Beginn des Jahrhunderts wurde Atropatene vom persischen Großreich der Sassaniden unterworfen. Die Hauptstadt Gazaka wurde die Residenz des persischen Statthalters. Nach dem Friedensschluß vom Jahre 387, der dem iranischen und byzantinischen Krieg folgte, gelang es Albania als einzigem unter den unterworfenen kaukasischen Gebieten, eine gewisse politische Selbständigkeit beizubehalten. In den unter persischer Herrschaft stehenden Gebieten wurden die Lehren Zarathustras zur Staatsreligion erhoben und im 4. Jahrhundert wurde in Albania das Christentum eingeführt. Die christlichen Lehren drangen hauptsächlich aus dem benachbarten Armenien ein, und die Albaner übernahmen mit den Glaubenslehren auch unverändert die Einteilung der Kirchen und Klöster. Einige Kirchen stehen noch heute fast unversehrt. 12 Kilometer nordwestlich vom Dorf Kahi sind zwischen den unbewohnten Bergen die Ruinen einer Kirche aus dem 6. bis 7. Jahrhundert zu sehen. 8 Kilometer vom gleichen Dorf entfernt wurden am Ufer des Flusses Kumtschai im Zentrum von Kim die Ruinen einer dreischiffigen Basilika aus dem 6. Jahrhundert ausgegraben. Unbeschädigt können die Kirche von Kurmuk (6. Jh.), das Kloster von Zizernawank und das Kloster von Kisilwank bewundert werden.
Die dreischiffige Pseudo-Basilika des Klosters von Zizernawank ist aus großen, sorgfältig gemeißelten Quadern erbaut. Das Hauptschiff der Kirche hat einen geraden Abschluß, am Ende der schmalen Seitenschiffe diente je eine kleine quadratische Nische als Schatzkammer bzw. nach syrischem Muster als Martyrium. Alle drei Schiffe haben eine Gewölbedecke. Der Innenraum wird von gedrungenen, fast völlig schmucklosen Pfeilern untergliedert. Das einzige dekorative Element der Wandflächen ist ein Fries mit einfachem Profil in der Höhe des Gewölbeansatzes. Im äußeren und inneren Aufbau hielten sich die frühen aserbaidschanischen Kirchen getreu an das byzantinische Vorbild, doch erreichten sie nie die feine Herausbildung der Details.
Ende des 5. Jahrhunderts und Anfang des 6. Jahrhunderts wurde eine der bedeutendsten Städte Albanias, Barda, erbaut. Zahlreiche arabische Quellen erwähnen sie. Voller Lob berichten sie über die Paläste der Stadt, die etwas später erbauten Moscheen, Karawansereien, überdeckten Markthallen und viele andere öffentliche Gebäude. Nach Kabalas Zerstörung war Barda eine Zeitlang die Hauptstadt Albanias. Ruinen der Stadt finden wir heute 25 Kilometer von der Eisenbahnstation Jewlach am Fluß Tertertschai.

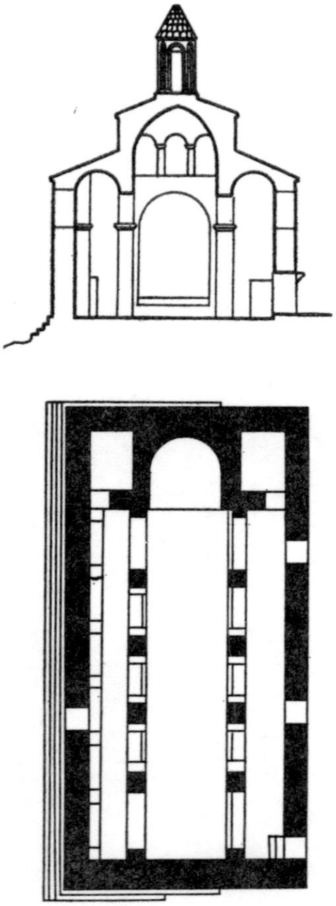

Pseudo-Basilika des Klosters in Zizernawank. 9. Jh., Querschnitt und Grundriß

Im 7. Jahrhundert wurde in Albania das neue Staatenbündnis Gardman gebildet. Das von der Mihranidendynastie beherrschte Land lebte damals nahezu fünfzig Jahre in Frieden. Zwischen Albania und Atropatene war ein lebhafter Handel im Gange, man baute viele neue Bewässerungsanlagen und nutzte die bereits damals wohlbekannten Ölquellen in der Nähe von Baku. Erzeugnisse des Handwerks, Schmuck, Metallwaren und Töpferarbeiten waren berühmt und gesucht, und auch die Seidenspinnerei und die Wollweberei nahmen einen Aufschwung.
Die Städte erweiterten und entwickelten sich, auch viele neue entstanden wie z. B. das in schriftlichen Dokumenten oft erwähnte Pajtakaran (heute Bajlakan), Halhal, Scheki, Schemacha, Schabran, Täbris. Einige von ihnen, z. B. Schemacha und Täbris, bestehen noch heute. Die bedeutendsten unter den zahlreichen Baudenkmälern jener Epoche sind die Festung von Derbent, die „Lange Mauer", die Burg von Tschirahkala, die Ruinen der kultischen Bauten im Gebiet von Mingetschaur und die Brücke über den Tertertschai bei Barda.
Zu jener Zeit unterhielt Gardman enge kulturelle Beziehungen zu Armenien und Georgien. Im Lande verbreitete sich das Mittelpersisch, die Sprache der sich entwickelnden Wissenschaft und Literatur.
Diese ruhige und blühende Epoche nahm jedoch Mitte des 7. Jahrhunderts ein jähes Ende, als vom Süden bis dahin unbekannte Feinde, die Araber, erschienen. Da die Eroberer in Albania auf heftigen Widerstand stießen, konnten sie ihre Macht erst zu Beginn des 8. Jahrhunderts festigen. Die Araber verbreiteten ihre Religion mit Feuer und Schwert, legten dem Land schwere Steuern auf, und die Beamten des Bagdader Kalifats gingen grausam mit der Bevölkerung um, deren Haß sich gegen die mit den Arabern kollaborierenden lokalen Feudalherren wandte, und 816 flammte der größte Aufstand in der bisherigen Geschichte Aserbaidschans auf.
Führer der aufständischen freiwilligen Truppen war Babek. Der Kampf dauerte mehr als zwanzig Jahre, und es gelang, die Araber aus einem großen Teil des Landes zu verjagen. 837 aber wurden die Aufständischen dennoch besiegt, und Babek wurde hingerichtet. Der lange Kampf hatte jedoch die Macht des Kalifats endgültig geschwächt, so daß auf dem Territorium Albanias zahlreiche kleine, unabhängige oder halbunabhängige Staaten

entstehen konnten, unter denen der Staat Schirwan in kurzer Zeit die größte Bedeutung erlangte. Rund um seine Hauptstadt Schemacha entwickelten sich im 9. und 10. Jahrhundert Handwerk und Gewerbe weiter. Barda wurde damals zu einem Handelsknotenpunkt, die Quellen nennen es das Bagdad des Kaukasus. Endgültig entwickelte sich die Struktur von Baku, Ardebil, Barda und Kabala.
Den Schutz des Landes sicherten Burgen und ein in späteren Zeiten nicht mehr angewandtes Befestigungssystem, die „Langen Mauern“, die dem Feind den Weg abschnitten und die Straßen und Siedlungen abschirmten. In Nordaserbaidschan verlief in der Nähe von Derbent, bei Bab-ul-abwab, die den Osten mit dem Westen verbindende wichtigste und verkehrsreichste Karawanenstraße. Angesichts der ständigen Fehden mit dem Iran, Byzanz und den nomadischen Stämmen wurde zwischen dem 5. und 7. Jahrhundert zum Schutz dieser Straße und der nördlichen Landesgrenzen ein mächtiges Festungssystem errichtet. Die Tore dieser Burgen und Mauern konnten im Notfall geschlossen werden, und so waren bei Derbent, an den Flüssen Gilgintschai und Samur oder beim Berg Besch-Barmak die Straßen dann völlig abgeschnitten, wodurch z. B. das Eindringen der Nomaden aus dem Norden verhindert wurde. Die Festungskette, deren Abschnitt bei Bab-ul-abwab nur einen Teil bildete, schützte ein sehr großes Gebiet.
Die Mauern von Bab-ul-abwab waren 120 Kilometer lange, zum größten Teil aus Erde gestampfte Schanzen. Sie waren im allgemeinen 10 Meter dick. Ihr südlicher Teil bestand aus einer von der Seite des Berges Besch-Barmak bis zum Meer führenden doppelten Erdschanze. Die in der Nähe der Mauern gefundenen Tongefäße, gebrannten Ziegel und Bruchstücke von Gebrauchsgegenständen belegen, daß es in dieser Gegend einst eine Siedlung gegeben hat. Es ist möglich, daß hier die in den arabischen Quellen mehrmals erwähnte, doch seitdem verschwundene Stadt Badscharwan lag. Den Abschnitt der Mauer am Fluß Gilgintschai erwähnt Masudi, ein arabischer Geschichtsschreiber aus dem 10. Jahrhundert, als eine Steinmauer, die wie eine Erdschanze aussah und aus der sich etwa alle 50 Meter Hügel und die Überreste der Basteien erhoben. Die Mauern bestanden jedoch nicht aus Erde, sondern aus Lehmziegeln. Noch heute sind die Spuren der horizontalen Reihen und der dazwischenliegenden zwei Zentimeter breiten Fugen zu sehen. Die Oberfläche der Mauer war mit Lehm verputzt, die oberen Reihen jedoch sind durch Witterungseinflüsse längst zerstört und zu einer einheitlichen Lehmmasse geformt worden. Der Mauerabschnitt bei Gilgintschai ist 30 Kilometer lang, 8 Meter breit und 8 Meter hoch. Zu seinem Bau waren ungefähr 50 Millionen große Lehmziegel notwendig. Diese Zahl gibt einen Begriff vom riesigen Arbeitsaufwand beim Bau des Festungssystems.

Einer der starken Befestigungspunkte der Mauer bei Gilgintschai in der Nähe des Kaukasusgrats war die Burg Tschirah-kala. Ihr natürliches Fundament ist ein stufenförmiger Felsen. Zur erhöhten Sicherheit hatte man den Teil des Felsens, der zum Berggrat führte, durchschnitten, und so entstand ein tiefer Graben, über den nur ein auf einer schmalen Haltevorrichtung befestigtes Wasserleitungsrohr verlief. Vom Felsen hatte man einen freien Ausblick auf die Gegend. Die Burg konnte von allen Seiten verteidigt werden und galt deshalb als uneinnehmbar. Ihre Mauern, Türme und Basteien waren aus rohem Stein erbaut, die Lücken wurden mit Ziegeln ausgefüllt. An der Mauer des Wohnturms wechselten Stein- und Ziegelreihen.
Im 11. Jahrhundert unterlagen die zuvor gegründeten Khanate den ständigen Angriffen der mittelasiatischen Seldschuken. Nur das Schirwaner Khanat bewahrte sich einige Unabhängigkeit durch hohe Steuerzahlungen. In den unterworfenen Gebieten siedelten sich Türken an. Wie zu Beginn des 7. Jahrhunderts gerieten auch jetzt die türkischen Neusiedler zum größten Teil unter den Einfluß der örtlichen Kultur, doch paßte sich die einheimische Bevölkerung unverkennbar auf allen Gebieten des Lebens, so im Gebrauch der öffentlichen Sprache, dem Türkischen, an. Die alten Stammessprachen starben aus, oder es entwickelte sich aus ihnen und dem Türkischen eine neue Sprache, das heutige Aserbaidschanisch. Die einheimische Wissenschaft und Literatur benutzten jedoch noch lange das Arabische oder Persische.
Das Zusammenleben der einheimischen Bevölkerung mit den Türken führte zu ständigen Konflikten. Im 12. Jahrhundert flammten unter der Herrschaft von Manutschehra II. (1120 bis 1149) und Ahsitana I. (1149 bis 1203) die Kämpfe mit gesteigerter Kraft auf, und im Bündnis mit dem georgischen Herrscher wurden die Türken fast völlig aus der Gegend des Kaukasus verjagt.
Der gemeinsame Sieg über die Türken stärkte die kaukasischen Staaten und schuf vorteilhafte Voraussetzungen für eine friedliche Entwicklung. Außer dem traditionellen Gewerbe, wie Seidenspinnerei und Töpferei, begannen der Ackerbau und die Viehzucht wieder aufzublühen. Reis wurde angebaut, und auf den Bergauen weideten Rinder- und Ziegenherden. Das Obst von Barda war durch sein Aroma berühmt, auch in fernen Ländern kannte man die Granatäpfel und Weintrauben von Bajlakan und die Feigen von Gandscha. Mit den Woll- und Seidenerzeugnissen der örtlichen Handwerker gelangten auch die Meisterwerke der Goldschmiedekunst und die dekorativen Keramikgefäße nach Europa.

Schlachtszene. Miniatur. 15. Jh.

Aserbaidschanische Miniatur. 15. Jh.

Im 9. bis 12. Jahrhundert nahmen Wissenschaft und Kunst überall im Orient einen ungeheuren Aufschwung. In dieser an geistiger Größe reichen Epoche gab es auch im Gebiet des heutigen Aserbaidschan hervorragende Persönlichkeiten, so den aus Barda gebürtigen Geographen und Astronomen Makli Achmed-Ogli, den Philosophen Bahmanjan und die Gelehrten und Schriftsteller Nisami Gandschewi und Hatib Tebrizi. Am Hofe des Khans von Schirwan und an den benachbarten Höfen entstanden literarische Zirkel, an denen Gelehrte und Künstler teilnahmen, deren Namen uns auch heute nicht unbekannt sind.

In Nachitschewan, Baku und anderen Orten bildeten sich selbständige Bauschulen, von deren Wirken uns vieles erhalten geblieben ist, z. B. die Festung von Gülistan, die Burgen und Basteien auf Apscheron und die Jungfernbastei in Baku, die versunkene Festung in der Bucht von Baku, die Burg Alindscha-kala, das Mausoleum in Pejgambar, die Muhammed-Moschee in Baku, das Minarett von Schamhora, die Hanega (befestigter Gasthof) in Pisaget sowie die zwei Mausoleen von Mu'mine-Chatun und Jussuf ibn Kusejir in Nachitschewan.

Infolge der geographischen Lage und der historischen Situation von Albania machte sich eine islamische Beeinflussung vor allem von den Seldschuken und den Persern bemerkbar. Die islamische Kunst begann sich zuerst unter der arabischen Herrschaft (650 bis 837) zu verbreiten und wurde nach der seldschukischen Eroberung (1050) vorherrschend. Nur die Burgen und andere militärische Bauwerke bewahrten bis zum späten Mittelalter ihre alten Grundrisse und Konstruktionen.

Im 11. bis 14. Jahrhundert schöpften Kultur und Kunst des Islams aus sehr vielen Quellen, vor allem aus der arabischen Kunst, deren lokale und nationale Eigenheiten große Abweichungen aufwiesen. Doch wurden auch ost- und südasiatische (buddhistische) Kunstformen sowie altpersische Tradition aufgenommen. Die Türken waren ein Wandervolk, das selbst kaum etwas Eigenes schuf, aber die Fähigkeit besaß, die verschiedensten Einflüsse anzunehmen. Sie verstanden es, vielfache, einander widersprechende Stile zu einer nationalen Einheit zu verschmelzen. Die zur Zeit der Seldschuken übliche Anordnung der Ziegelbauten mit Gewölbedach um einen zentralen Kern war bereits ein spezifisch türkisches Element. In dieser architektonischen Form wurden jahrhundertelang die Moscheen gebaut. Aus jener Epoche stammen zwei weitere charakteristische Bauformen: das Minarett und das große feierliche Portal. Das alte, einfache Tor mit zwei Flügeln wurde von nun an reich verziert. Persische Arabesken, Blumenmotive, mit geometrischen Mustern dicht bedeckte Wandflächen, beschriftete Friese, Intarsien, Säulen mit antikisierenden Kapitellen, Bögen und Gewölbe bilden eine wunderbare Einheit. Ihre einzigartige Schönheit kann sich mit jedem europäischen Stil messen.

Das Modell für das Minarett ist der persische Signalturm. Seine Wirkung liegt nicht darin, daß er die Aufmerksamkeit auf sich lenkt, sondern daß er den wuchtigen und strengen Ziegelkorpus betont. Ein Beispiel dafür ist der Gebäudekomplex des Khan-Palastes in Baku.

Das Minarett bildet mit der Moschee eine Einheit. Es gibt zwei Arten persischer Moscheen: die „Säulenmoschee“ und die kuppelbedeckte zentral angeordnete Moschee ohne Hof. Der traditionelle persische Palast war ein quadratischer Raum mit Kuppeldach, an den sich von einer oder mehreren Seiten kleinere Räume anschlossen. Die eine Gruppe der Moscheen übernahm diese Konstruktion. Ihr Eingang ist oft der große Mihrab, eine Gebetsnische, die die Richtung nach Mekka angibt und vor der das Volk im Freien betete. Der Mihrab war der prunkvollste Teil des Gebäudes, mit bemalten Stuckwänden oder farbigen Kacheln geschmückt. Die Moschee wurde in der Regel mit farbigen Keramikkacheln ausgelegt.

Ein charakteristisch muselmanischer Gebäudetyp ist die Medrese, eine theologische Lehranstalt, die Bethaus, Schule und Internat in sich vereinigt. Struktur und Grundriß entstanden im 11. Jahrhundert vorwiegend aus persischen, türkischen und arabischen Elementen. Der Typ hat sich später auch in Persien, Turkestan, Kleinasien und in Ägypten verbreitet. Die Gebäudeflügel umschließen einen rechteckigen Hof. An drei Seiten befinden sich überwölbte Zellen, die Wohnstuben der Zöglinge. An den vier Ecken des Gebäudes hat man manchmal auch ein Minarett errichtet. Die Fassaden wurden sowohl von innen als auch von außen mit farbigen Kacheln versehen, manchmal bemalt. Die bedeutendsten Medresen waren gleichzeitig auch Moscheen. In solchen Fällen wurden sie meist um das Grabmal einer hervorragenden Persönlichkeit oder eines Heiligen gebaut.

Wenn wir die Entwicklung der Mausoleen oder Grabmäler verfolgen, können wir eine Vermischung der künstlerischen Traditionen beobachten. Der Grabturm geht auf nördliche, kaukasische Baukunst zurück. Die primitiven Steintürme der nördlichen Nomadenvölker erhielten im Süden, in Persien, ihren künstlerischen Inhalt. So müssen wir, obwohl der Grabturm eine aserbaidschanische Schöpfung ist, das berühmte Mu'mine-Chatun-Mausoleum (1186) in Nachitschewan mit seinem polygonalen Turm, dem dekorativen Ziegelschmuck, den glasierten Kacheln sowie der geometrischen und sternenförmigen Reliefstuckverzierung dennoch in die persische Baukunst einordnen. Eine besondere Art der Grabtürme ist der Zylinderturm mit Kuppel. Er entstand unter armenischem und hethitischem Einfluß und verbreitete sich bis zum Ostiran. Später wurde der Grabturm durch die Grabkammer verdrängt, die sich aus der Form des Palastes entwickelte und deren Holzkuppel nach und nach von einer Ziegelkuppel abgelöst wurde. Die dicken Mauern und Gewölbe der Grabkammern wurden reich geschmückt.

Aus der Vereinigung des Grabturms mit dem Kuppelgrab entstand ein Grabmaltyp, der in Mittelasien bei den Turkmenen und später auch in Ägypten verbreitet war. Hier wurde das Kuppelgebäude von dicken Ziegelmauern umschlossen und ein 40 Meter hoher Turm errichtet. Seine Seiten waren mit Ziegelreliefs und Inschriften verziert. Diese Gebäude wurden auch als Wachtürme benutzt.

Das bedeutendste Bauwerk der islamischen Welt blieb jedoch immer der persische Palast. Die mehr oder weniger geschmückten Fassaden der Gebäude wurden von der prunkvollen Ausstattung der Innenräume überschattet. Hier sind wir im Reich von Tausendundeiner Nacht. Halbdunkel, leise plätschernde Brunnen, mit Marmor oder Mosaiken ausgelegte Bassins, kunstvoll geschnittene oder sogar künstliche Bäume und Sträucher. Die Wände waren mit Malereien, Teppichen, Mosaiken, Vasen, Gefäßen und Spiegeln bedeckt. Die wichtigsten Säle befanden sich immer im Mittelpunkt des Gebäudes im Erdgeschoß, um sie herum bzw. im ersten Stockwerk die weniger bedeutenden. Von den Wohngemächern der Frauen konnte man durch kunstvoll geschmückte Schebekes (Gitter) in den Empfangsraum blicken, den Frauen niemals betreten durften. Auf dem Dach gab es Lauben mit Pflanzen und Sträuchern, die angenehmen Schatten spendeten und lauschige Plätzchen waren. Zu den oberen Geschossen führten immer direkte, aber auch verborgene Treppen.

Charakteristisch für den persischen Palast war die unbeschreibliche Prachtentfaltung. Im Thronsaal des Schahs Abbas I. standen z. B. vierzig wunderbar gestaltete Säulen, das Deckengewölbe war vergoldet und das Bassin mit Silberreliefs ausgelegt, die die Taten des Schahs darstellten. Wertvolle Teppiche, Jaspisintarsien und Vasen schmückten die Säle. In Aserbaidschan ist der Palast der Khane von Scheki in Nucha ein Beispiel des pompösen Stils.

Wichtige Gebäude des mittelalterlichen Orients waren die Karawansereien, die nach dem Muster der Wohnhäuser gebaut waren. Da sie meist an den Straßen standen, waren Sicherheit und Verteidigungsmöglichkeit bei ihrem Bau ausschlaggebend. An einer Seite des quadratischen Innenhofes befanden sich die Ställe, auf der anderen die Unterkünfte für die Reisenden. Eine Karawanserei an einer verkehrsreichen Stelle war zweigeschossig.

In diesem Fall lagen die Ställe im Erd- und die Zimmer im Obergeschoß. Den Gebäudekomplex konnte man durch gut geschützte Tore von allen vier Seiten betreten.
Bemerkenswert sind auch die bogenförmig, häufig zweigeschossig aus Stein und Ziegel errichteten Brücken.
Die islamische Kunst hat sich durch die Seldschuken und die Perser auch in Aserbaidschan verbreitet, wobei sie ihre charakteristischen Züge beibehielt. Die nationale Eigenart zeigte sich in den Proportionen, den Farben und den traditionellen Schmuckelementen. Typisch für diese Baukunst waren im 10. bis 12. Jahrhundert Einfachheit, Übersichtlichkeit, Anwendung der rationalen Formen, massive Konstruktion und bescheidene Verzierung. Diese Prinzipien haben sich in späteren Jahrhunderten gelockert, doch hat die aserbaidschanische Architektur nie die Vielfalt der Verzierungen erreicht, wie sie in der persischen Kunst zu finden ist.
Im 12. bis 14. Jahrhundert dominierten an den Gebäuden, auf Mosaiken, Wandbildern und Reliefs die geometrischen Motive, die wie ein Rahmen Fenster, Türen, Gewölbe, Tore und Grabsteine umrankten. Viereck, Dreieck, Kreis, Vieleck und einfaches oder kompliziertes Sternnetz waren besonders zur Ausfüllung der Wandflächen geeignet. Oft bildeten die Motive einen Streifen oder eine Rosette. Es sind uns zahlreiche Varianten der Rosette bekannt, und wenn sie eng nebeneinander aufgereiht wurden, ergaben sie einen Bandschmuck. Rosetten wurden auch zur Unterteilung einer flachen Ebene oder zur Betonung eines Punktes angewandt.
Der wirtschaftlichen und kulturellen Blüte im 12. Jahrhundert folgten die Einfälle der mongolischen Horden mit ihren furchtbaren Verheerungen. Fast zwei Jahrzehnte, bevor die Truppen des Khans Batu Moskau, Kiew und später Ungarn verwüsteten, erschienen sie, das Kaspische Meer von Osten umgehend, im Kaukasus. 1221/22 fielen sie mehrmals ins Land ein, und wohin sie kamen, plünderten und zerstörten sie gnadenlos. Blühende Städte legten sie in Schutt und Asche, fruchtbare Felder und Obstgärten verwandelten sie in Steppen, und das Bewässerungssystem wurde vernichtet. Die tragische Periode der mongolisch-tatarischen Herrschaft dauerte bis zum Ende des 14. Jahrhunderts.

Ende des 14. Jahrhunderts zerfiel das Mongolische Reich. Nacheinander konnten sich die besetzten Gebiete befreien, so auch das Khanat von Schirwan und die benachbarten Ländereien, wo nun die Staaten Ak-Kojunlu und Kara-Kojunlu entstanden. Das aserbaidschanische Volk hat in verhältnismäßig kurzer Zeit seine Städte und Dörfer wieder aufgebaut. In diesem Zeitabschnitt festigte es seine Beziehungen zu Rußland: Ihre Gesandten schlossen Geschäfte mit den Kaufleuten von Twer ab.

Trotz der mongolischen Verwüstungen blieben zahlreiche Baudenkmäler aus dem 13. und 14. Jahrhundert erhalten, so der Palast der Schahs von Schirwan in Baku und die Festungen von Mardakjan, Nardaran und Ramana. Elf Mausoleen aus dieser Zeit finden wir wir noch heute an verschiedenen Orten. Damals wurden die Dschuma-Moschee in Baku, das Minarett in Schihowa, mehrere Zivilbauten und viele Bewässerungsanlagen gebaut.
In der zweiten Hälfte des 15. Jahrhunderts begann die persische Dynastie der Safawiden einen Kampf um die Herrschaft über das Land. Nach einigen Quellen stammt das Geschlecht aus Aserbaidschan. Die Safawiden stellten aus türkischen Nomadenstämmen, die in der Nähe des Kaukasus lebten, eine bedeutende Kriegsmacht auf. Die Führer der türkischen Truppen, die ihre Helme mit einem roten Band geschmückt hatten, wurden vom Volk Kisil baschi (Rotköpfe) genannt. Die Kisil baschi überschritten im Herbst 1500 unter Führung Ismails I. den Fluß Kura, besetzten Schemcha und Schirwan, zerschlugen die Truppen Ak-Kojuns und zogen in Täbris ein, wo sich Ismail I. zum Schah ausrufen ließ. Damit begründete er den Safawidenstaat, der im Laufe der weiteren Geschichte Aserbaidschans von Bedeutung sein sollte.
Da die Safawidendynastie ihre Macht den nomadisierenden türkischen Stämmen verdankte, nahmen die Türken, die sich im Kampf hervorgetan hatten, auf allen Gebieten des staatlichen Lebens vorrangige Stellungen ein. Die Kisil baschis waren Leibwächter des Schahs, militärische Führer, Hofwürdenträger usw. Von dieser Zeit an wurde das Aserbaidschanisch die Diplomatensprache. Auch die Dichter wie Habibi, Hatan und Fusuli schrieben ihre Werke in Aserbaidschanisch. In jener Zeit entstand das erste Volksepos „Kör Oglu“ (Der Sohn des Blinden). Die Arbeiten des Gelehrten und Historikers Iskander-bek Münschi oder die Kodizes des Miniaturmalers Kemal-ad-din Bechsade aus Täbris waren auch in fernen Ländern bekannt.
Handel und Handwerk bekamen wieder neuen Auftrieb. Mächtige Bauwerke wurden in Angriff genommen, Festungen errichtet, neue Karawansereien und Basare gebaut. Die Häfen von Baku und Derbent entstanden, der Palast der Schahs in Baku und die Sommerresidenz des Khans von Nardaran wurden erweitert. Die Moschee des Schahs Tuba in Mardakjan und die Blaue Moschee in Täbris erregten große Bewunderung. Ebenso berühmt waren das in jener Zeit erbaute Diri-baba-Grabmal von Marasah, die Mausoleen des Scheichs Sefi in Der und Ardebil sowie das Mausoleum des Scheichs Jussuf von Schihljar und die Karawansereien auf der Halbinsel Apscheron, in Sangatschal, Kobistan, Miadschik und Hilmill.

Seit dem 14. Jahrhundert verbreitete sich neben der geometrischen Ornamentik die aus Pflanzenmotiven gebildete Arabeske. Die Fläche wurde in unterschiedlicher Weise mit einem lockeren oder dichten Netz von Ranken, Zweigen, Blättern und Blumen, die um eine oder zwei Symmetrieachsen angeordnet waren, ausgefüllt. Aus der Arabeske wurde oft ein Streifenmuster oder eine Rosette gebildet. Als Ornament dienten sogar Schriftzeichen oder Inschriften meist in Kufi- und Nesich-Schrift. Die künstlerisch archaisierten, gravierten Reliefs waren aus vielfältigem Material und in unterschiedlicher Form gemalt, in Glasur gebrannt und in Teppiche eingewebt. Die Inschriften wurden von Mauresken oder Arabesken umrahmt, manchmal so reich, daß die Schriftzeichen darin verschwanden. Alleinstehend, als eine herausragende Inschrift sind sie selten anzutreffen. Besondere Texte wurden an einer gut sichtbaren Stelle des Gebäudes, meistens über dem Tor, angebracht. Doch wurden auch Inschriften als Bandschmuck, in Rosetten und an vielen Stellen gefunden, manchmal so meisterhaft verborgen oder stilisiert, daß ihre Entzifferung beinahe oder völlig unmöglich war.
Die aserbaidschanischen Gebäude, die den Traditionen des islamischen Stils folgten, wurden im Norden aus Stein, im Süden aus Ziegeln erbaut. Die Steingebäude waren mit Schnitzwerken geschmückt, die Ziegel gaben bereits bei der Mauerung Gelegenheit zur Gestaltung einer mannigfaltig verzierten Wandfläche. Außer den vorspringenden Ziegelreihen, Gesimsen, den technisch verhältnismäßig einfachen rhombischen oder quadratischen Mustern wurden im Süden die von den Persern übernommenen glasierten Kacheln als Verkleidung benutzt. Mit der Verwendung von farbigen Kacheln begann man im 14. Jahrhundert, ihre Blütezeit währte bis zum 17. Jahrhundert. Dank der erlesenen Farbkompositionen wurden die Haupt- und Nebenmotive vortrefflich getrennt. Die früher oft angewandte Wirkung von Licht und Schatten wurde von dieser neuen Technik verdrängt, doch wurde sie teilweise durch den Glanz der Kacheln ersetzt.
Die Farbeffekte der Keramikkacheln hingen in erster Linie von dem Rohmaterial ab. Man hat Stoffe verwendet, die korrosionsbeständig waren, so daß dunkel- und hellblaue Kacheln dominieren. Oft wurden auf ganz kleinen Flächen auch die Farben Rot, Weiß und Schwarzlila gewählt, seltener Gelb und Grün.
Die wunderbaren Muster der berühmten aserbaidschanischen Kacheln haben viele Gelehrte und Forscher beschäftigt. Ihre einstigen Meister, die Mohandissi, wurden auf ihr Handwerk gründlich vorbereitet. Sie lernten die Gesetze der Geometrie, waren vorzügliche Zeichner und kannten die Schmuckelemente des mittleren Orients und die Motive der Volkskunst. Sowohl die geometrische als auch die Pflanzenornamentik wurde nach

den Gesetzen der Symmetrie wiederholt. Die Motive konnten eine ebene Fläche ausfüllen, einen Streifen oder eine Rosette bilden. Die wiederholte Verflechtung von zwei oder mehreren Motiven ergab eine komplizierte Ornamentik.
Ende des 16. Jahrhunderts kämpfte der Safawidenstaat erneut mit dem Osmanenreich um die kaukasischen Länder. Die Erhöhung der Steuern und innere Zwietracht brachten das Ansehen und die Macht der Kisil baschis ins Wanken, die wichtigsten Funktionen rissen die persischen Herren an sich. Die Hauptstadt wurde Isfahan.
Die wichtigsten Bauten des 16. und 17. Jahrhunderts sind das Ostportal des Palastes der Schahs von Schirwan in Baku, die Mausoleen von Kalahar, Hudajarl, Janüh, Schuscha, Saritan, Arbil, die Moscheen von Apscheron, die Dschuma-Moschee in Kirowabad, die Moscheen von Janihil, Busob, Nardaran, Mardakjan, Kara-Basar, Ordubad, das Grabmalensemble von Ardebil, die Grabmäler des Scheichs Dschuneid von Hadschal, des Scheichs Schahabaddin von Ahar, des Scheichs Dschebrail bei Täbris und des Gej-Imam von Gandscha. Viele Karawansereien, Bäder und Brücken wurden errichtet, die Burgmauern von Baku wurden renoviert und in Dschari die Dschingis-kala-Festung erbaut.
In den zwanziger Jahren des 17. Jahrhunderts führten die von Frankreich und England geschürten türkisch-iranischen Gegensätze zu einer gespannten internationalen Lage. Peter I. nutzte dies aus und versuchte, sich der Gegend am Kaspischen Meer zu bemächtigen. Er wurde fast ohne Widerstand unmittelbarer Nachbar von Aserbaidschan und Dagestan, wo der persische Schah Nadir noch bis in die dreißiger Jahre des 18. Jahrhunderts herrschte. Wirtschaftliche Schwierigkeiten, Rechtswidrigkeiten und innere Rebellionen zerrütteten seine Macht, so daß sich die von der persischen Hauptstadt fern liegenden Länder selbständig machten. Als der Schah 1747 starb, existierten im Gebiet von Aserbaidschan bereits fünfzehn kleine Khanate, von denen die bedeutendsten Scheki, Karabachtsche und Kubin waren.
Aus Furcht vor türkischen und iranischen Eroberern suchte der Khan von Kubin nach Verbündeten. Seine Furcht war nicht unbegründet. Ende des 18. Jahrhunderts griff der persische Schah Aga Muchamed den Karaban-Staat an und besiegte ihn, brannte die Hauptstadt nieder und ließ einen großen Teil der Bevölkerung niedermetzeln, doch konnte er seine Macht auf die Dauer nicht festigen.
Obwohl die Kriege im 17. und 18. Jahrhundert die Entwicklung verzögerten, sind uns aus dieser Zeit Werke überliefert, die das Wissen und die Fähigkeiten des Volkes beweisen. Dazu gehören die Dichtungen von Wagif und Widad, die Berichte des Geographen und Volkskundlers Gadschi Seinal-Abdin aus Schirwan über seine Reise nach Mittelasien

und zum Balkan, die Mausoleen von Nachitschewan, Schemacha, die Moscheen von Nucha, Belokanah, Agdama und Barda, der Tempel der Feueranbeter von Ateschga, der Khan-Palast von Nucha und Scheki, die Paläste von Nachitschewan und Schuscha und die Festung von Askeran und Schuscha.

Das aserbaidschanische Volk lebte unter schweren Bedingungen. Sein Schicksal glich in vieler Hinsicht dem Armeniens und Georgiens. Alle drei Staaten waren oft das Ziel von Großmachtbestrebungen: Sie wurden von Arabern, Persern, Türken und Tataren angegriffen. Die Verteidigung gegen die fremden Eindringlinge und der Kampf gegen die Unterdrücker gestalteten die Geschichte der Völker ähnlich. Vielerlei Religionen wurden ihnen aufgezwungen, das Christentum, die Lehre Zarathustras, der Islam, viele Bräuche, unterschiedliche Moralbegriffe und Kunstrichtungen bestimmten ihre Lebensweise. Ihr Weg war trotzdem nicht ganz identisch. Armenien und Georgien waren unmittelbare Nachbarn des hellenischen und spätrömischen Reiches. Zeitweilig gehörten sie sogar zu Rom. Später hatten sie Beziehungen zum oströmischen Kaiserreich, sie wurden von der griechischen und später von der römischen Kunst beeinflußt, doch ihre eigene Sprache haben sie sich immer bewahrt. Armenien blieb seit 301 trotz aller Wandlungen christlich. Aserbaidschan jedoch hatte kaum Kontakte zur europäischen Kultur. Statt dessen stand es in ständiger und enger Beziehung zu Bagdad und Persien, den Türken und Tataren. Dorther bezog es seine Schrift- und Umgangssprache, die Bräuche und auch die Kunst. Unter den Völkern des Kaukasus bestehen viele Ähnlichkeiten, aber auch viele Unterschiede. Hier, über den hohen Berggipfeln, trafen sich die christliche und die mohammedanische Religion, Hut und Fez, das freie Gesicht und der Schleier, Gotik und Barock. Sie trafen sich, doch sie vermischten sich nicht. Ein Jahrtausend hindurch lebten sie nebeneinander, doch wahrten sie ihre eigenen Wesenszüge.

Zu Beginn des 19. Jahrhunderts wurde der Kaukasus für ganz Europa interessant. Um seinen Besitz wetteiferten der russische Zar und der persische Schah. 1804 nahmen russische Truppen die Festung Gandscha ein, die einen bedeutenden strategischen Punkt darstellte, und 1805 gelang es dem Zaren, mit mehreren Khans einen Vertrag über den Anschluß an Rußland zu schließen.

1806 belagerte Fürst Zizianow, der Befehlshaber der russischen Truppen, Baku. Den russisch-persischen Krieg beendeten die Verträge von Gülistan (1813) und Türkmentschai (1828). Laut Vertragstext wurde Nordaserbaidschan unter die russische Oberhoheit gestellt. Die Südgebiete jedoch gehörten weiterhin zu Persien. Von da an gingen die beiden Teile getrennte Wege. Im Südgebiet wurde die traditionelle Feudalwirtschaft

Scheich-Chorassan-Mausoleum am Ufer des Alindscha. Anfang 13. Jh.

Mardakjan, Burg. 12.–14. Jh.

weitergeführt, im Norden hingegen begann ein wirtschaftlicher und kultureller Aufschwung, wozu die zaristische Herrschaft trotz ihrer Kolonialbestrebungen bis zu einem gewissen Grad beitrug. In Nordaserbaidschan wurden Reformen eingeführt und 1870 die Leibeigenen befreit. Ende des 19. Jahrhunderts übergab man die Eisenbahnlinie Tbilissi–Baku und 1900 die Eisenbahnlinie Baku–Moskau dem Verkehr. Das Erdöl machte die Gegend um Baku besonders wertvoll, deshalb wurde die Stadt in den sechziger und siebziger Jahren des vorigen Jahrhunderts von unzähligen Unternehmern überflutet. Die Erdölfördermenge wuchs ständig, man realisierte große Investitionen, und aus allen Gegenden des Landes strömten Arbeitsuchende in die Stadt. Außer in Baku entstanden zahlreiche Zentren, so in Kedabek (Kupfergießereien), und in Scheki (Seidenwebereien). Ende der neunziger Jahre des letzten Jahrhunderts entstand der erste sozialdemokratische Zirkel in Baku und 1901 ein Komitee, das die Leninschen Ideen verkündete. Das Komitee organisierte die Generalstreiks von 1903 und vom Dezember 1904 bzw. von 1913/14.
Sechs Tage nach der Oktoberrevolution übernahm das von den Bolschewiki geleitete Proletariat die Macht. Die Bürgerlichen sahen dem Verlust der Ölfelder nicht tatenlos zu. Mit türkischer und später mit deutscher Militärhilfe griffen sie die Bolschewiki an und errangen nach monatelangem Kampf am 1. August 1918 einen Sieg.
Die Sowjets gaben jedoch den Kampf nicht auf. Am 27. April 1920 brach ein Aufstand aus, der die feudal-kapitalistische Macht stürzte. Der Aserbaidschanische Revolutionäre Soldatenrat wurde gegründet und kurz darauf die Aserbaidschanische Sowjetrepublik. 1937 schloß sich das Land unter dem Namen Aserbaidschanische Sozialistische Sowjetrepublik der UdSSR an.
Wenn wir heute mit dem Flugzeug, der Eisenbahn oder auf einer der Autobahnen, die entlang der alten Karawanenstraßen verlaufen, nach Aserbaidschan kommen, empfängt uns vom Norden, durch Bab-ul-abwab, eine überwältigende Vielfalt der Landschaft und zugleich eine vieltausendjährige Beständigkeit. Das orientalische Leben, die Spuren der orientalischen Bräuche finden wir heute kaum noch. Sie zeigen sich ab und zu in kleinen Dörfern in der Kleidung alter Menschen, in einer Melodie oder in einem alten Amulett. Die neuen Wohnviertel der Städte gleichen denen von Paris oder Berlin, das Antlitz des Landes wurde von Bohrtürmen, Betonmauern der Kraftwerke, Fabrikschloten und Anlagen der mechanisierten Landwirtschaft geprägt, ebenso wie die Landschaft eines jeden technisch entwickelten Landes der Welt. Doch daneben findet man die ehrwürdigen Denkmäler der orientalischen Kultur: Basteien, Minarette, Paläste, gemeißelte Grabsteine, Kodizes und vergilbte Blätter in Museen und Bibliotheken.

Die Kunst Aserbaidschans

Das alte Baku

Baku wurde auf den Hügeln der Halbinsel Apscheron erbaut, die die hufeisenförmige Bucht des Kaspischen Meeres umsäumen. Der Wasserspiegel, die sanfte Hügelkette und die sich fächerförmig ausbreitende Siedlung an dem Punkt, wo beide zusammentreffen, bieten einen malerischen Anblick.

Den Stadtkern bildet die mittelalterliche Stadt, die von Straßen, Plätzen im westlichen Stil des 19. und 20. Jahrhunderts umgeben wird. Diese Stadtteile mit ihren wirkungsvoll komponierten Details gleichen der Innenstadt Wiens oder den Pariser Seinekais. Am Rande des so entstandenen Ringes wurden die neuen Stadtteile angelegt. Bakus Charakter wird durch diesen Dreiklang bestimmt. Die drei Bereiche unterscheiden sich scharf voneinander, und ihre Stile vermischen sich nirgends. Diese Stadtkonstruktion ist einzigartig in der Welt.

Archäologische Funde beweisen, daß Baku und seine Umgebung bereits vor 35 000 bis 40 000 Jahren bewohnt waren. Ptolemäus beschrieb im 2. Jahrhundert dreißig Wohnstätten in Albania. Bei zwei von ihnen, Gajtar und Bakura, erwähnte er, daß sie an der Mündung des Flusses Kirus (heute Kura) liegen. Vielleicht ist eine von ihnen das heutige Baku. Durch ihre Lage ist die Stadt ein strategisch wichtiger Punkt, deren Vorteile noch durch fruchtbaren Ackerboden und günstiges Pflanzenwachstum gesteigert werden. Die „ewigen Feuer von Baku“ und die „aus dem Wasser hervorbrechenden Flammen“ erwähnt Priskos, ein byzantinischer Geschichtsschreiber des 5. Jahrhunderts.

Im 1. Jahrhundert war Baku bereits eine blühende Stadt. Dies wurde 1945 durch die Ausgrabungen W. N. Lewiatows bewiesen. Im Hof des Palastes der Schahs von Schirwan kamen unter den Grundmauern in einer Tiefe von mehreren Metern die Überreste von Wohnvierteln aus dem 8. und 9. Jahrhundert zum Vorschein, die von der ständigen Entwicklung der Siedlung zeugen.

Den heutigen Namen der Stadt finden wir zum erstenmal in dem Werk eines anonymen arabischen Historikers und Geographen, der Baku als eine Kleinstadt an der Küste des Kaspischen Meeres erwähnt. Ihre Bedeutung verdankte die Stadt vor allem dem in der Umgebung geförderten Erdöl, doch war sie auch durch ihr Salz und den Hafen bekannt. Masudi, ein arabischer Reisender aus dem 10. Jahrhundert, berichtet ausführlich über die Erdölquellen in der Gegend von Baku. Aufgrund seiner Aufzeichnungen erwähnten bald viele arabische Quellen den einzigartigen Naturschatz der Stadt.

Baku wird in russischen Dokumenten aus dem 15. bis 19. Jahrhundert als Baka erwähnt, in den westeuropäischen Reisebeschreibungen als Baku, seltener als Baki. Der Ursprung des Namens ist wahrscheinlich das arabische Wort Bag oder Bak, das Wind bedeutet.

Die Benennung „Baku“ stammt vielleicht von der Bezeichnung bad-kübe (Ort, wo der Wind weht). Nach einer anderen Deutung hat der Stamm Bakan der Stadt den Namen gegeben. Die aus Stammesnamen gebildeten Ortsnamen sind in dieser Gegend häufig.
Über die früheste Periode der Stadt wissen wir wenig, die Quellen erwähnen sie selten. Die zwei ältesten Denkmäler sind die Fundamente der Jungfernbastei aus dem 5. bis 6. Jahrhundert und der umgestürzte Turm des Synyk-kala-Minaretts der in Midschra 1667/68 erbauten Mohammed-Moschee.
Die Jungfernbastei und die Stadtmauern standen einst unmittelbar am Meer. Inzwischen jedoch ist der Wasserstand des Kaspischen Meeres gesunken, und so entstand zwischen dem Wasser und den Mauern ein breiter Landstreifen. Einzelne Abschnitte der Mauer existierten vielleicht bereits im 11. Jahrhundert, doch der erste Beleg ist die arabische Inschrift, daß Abul-Hidsha Manutschechra II. (1120 bis 1149) „den Umbau der Stadtmauern angeordnet hat“. Zu jener Zeit wurde die Residenz des Khans von Schemacha nach Baku verlegt.
In der Altstadt sind fast alle Epochen der mittelalterlichen Baukunst Aserbaidschans vertreten. Sackgassen, steile Passagen, Treppen, Labyrinthe, Gebäude mit flachen Dächern und viele kleine Höfe, Lauben und Terrassen sehen heute genauso aus wie vor vielen hundert Jahren. Durch die Vielfalt ihrer Kunstdenkmäler ist die Altstadt besonders anziehend, wenn auch nicht alle Bauten kunstgeschichtlichen Wert besitzen.

Baku, Synyk-kala-Minarett

An der linken Seite des von der Jungfernbastei zur Burg führenden Gäßchens steht das älteste muselmanische Denkmal — die Mohammed-Moschee mit dem Synyk-kala-Minarett. Eine Tafel am linken Portal der Moschee verzeichnet das Baujahr (1078/79) und den Namen des Architekten, Muhammed ibn Abubekr.
Struktur und Maße der Moscheen und Minarette waren in sehr strengen, unübertretbaren Vorschriften geregelt. Innerhalb der Regeln jedoch blieb genügend Spielraum für gewisse Abweichungen, vornehmlich hinsichtlich der Ausführung, des Materials und der Verzierung. Nicht nur die türkischen, ägyptischen oder persischen mohammedanischen Tempel unterscheiden sich voneinander, sondern wir finden auch verschiedene Moschee- und Minarett-Typen. Die Abweichungen waren vor allem durch lokales Baumaterial und die Anwendung örtlicher Volkskunstelemente bedingt.

Das Synyk-kala-Minarett von typisch nördlichem Charakter hat seine ursprüngliche Form bis heute bewahrt. Der gedrungene zylinderförmige unverputzte Ziegelbau verjüngt sich nach oben. Die Schmuckelemente des Erkers mit niedrigem Steingeländer sind sehr einfach. Die harmonische Zusammenfügung der roh bearbeiteten Elemente soll einen massiven Eindruck vermitteln. Vom niedrigen Portal führt eine enge Wendeltreppe zum Erker. Das vieleckige, aus einem sechszackigen Stern gebildete Steingeländer des Erkers wird, was damals in Aserbaidschan besonders beliebt war, von einem hängenden Stalaktitengewölbe gehalten, das unten von den archaischen kufischen Buchstaben eines um den Block laufenden Koranspruchs abgeschlossen wird.
Das Synyk-kala-Minarett ist viel einfacher als später erbaute Minarette. Seine monumentalen und strengen Formen, seine unverputzten Mauern und seine bescheidenen Schmuckelemente erinnern an die Türme oder Basteien der Festungen.
Gleichzeitig mit dem Minarett ist die Mohammed-Moschee erbaut worden. An diesem Platz stand vielleicht schon früher ein Tempel, da es Sitte war, die neue Moschee auf den Fundamenten der alten zu errichten und vorhandene Baureste zu verwenden. Oft wiederholte man ohne Änderung Grundriß und Struktur des alten Gebäudes.
Nach Meinung einiger Forscher könnte das Minarett einst auch ein Wachtturm gewesen sein, der seine Funktion Ende des 13. Jahrhunderts beim Ausbau der Jungfernbastei verloren hat.

Baku, Jungfernbastei

Am untersten Punkt der Altstadtmauer erhebt sich die fast 30 Meter hohe, zylinderförmige Bastei mit einem Durchmesser von 17 Meter. Es gibt keine Beschreibung von Baku, in der sie nicht erwähnt wird, kein Gemälde und keine Zeichnung, auf der sie nicht dargestellt wird. Legenden und Geheimnisse, bis heute ungelöste technische Rätsel umgeben sie. Die Legenden beschreiben Episoden aus der bewegten Geschichte der Stadt, sie erzählen von der Feuerjungfrau, die dem Feind widerstand, vom Kult der Feueranbetung und von Kör Oglu, dem Helden eines Volksepos.
Der aserbaidschanische Name der Bastei ist Kyz-Kalasy. Das Wort bedeutet Mädchenburg, Jungfernburg (die beiden Begriffe müssen nach der strengen Moral des Kaukasus identisch gewesen sein). Nach dem Volksglauben wurde sie niemals von einem Feind besetzt. Ihr mächtiger zylinderförmiger Bau wird vom Meer her von einer fast ebenso

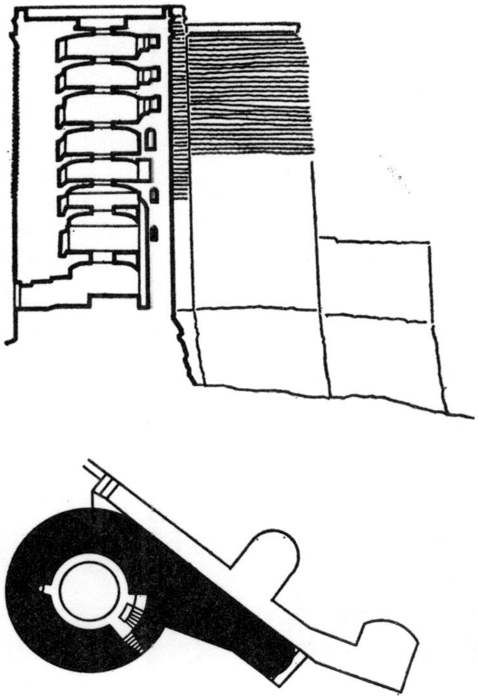

Die Jungfernbastei in Baku.
12. Jh., Querschnitt und Grundriß

hohen, massiven, 4 bis 5 Meter dicken Mauer und zwei viel niedrigeren, ebenfalls massiven basteiartigen Bauten geschützt. Bis heute wissen die Gelehrten nicht genau, wann und zu welchem Zweck die sowohl für die persische als auch für die türkische Architektur ungewöhnlich wuchtige Bastei erbaut wurde. Ihr Verteidigungscharakter ist unbestritten, doch ist nicht bekannt, aus welchem Anlaß der im Volksmund Wellenbrecher genannte Pfeiler entstand. Der Pfeiler ist als Wellenbrecher ungeeignet, und da es ein Vollbau ist, befinden sich in ihm keine Räume. Ein Stützpfeiler kann es auch nicht gewesen sein, denn die Jungfernbastei ist mit ihrer 5 Meter (bzw. in den oberen Stockwerken 4 Meter) dicken Mauer ein stabiler Bau. So müssen wir uns mangels einer anderen Erklärung damit begnügen, daß die Mauern Verteidigungszwecken dienten und ihrer Funktion vorzüglich entsprachen. Das kompakte Steinmassiv von 2900 Kubikmeter vermochten auch keine zeitgenössischen Waffen zu durchbrechen.
Wie aus dem Baumaterial und der Mauerung ersichtlich ist, wurde die Bastei nicht auf einmal erbaut. Das auf Felsen errichtete Fundament entstand vermutlich im 5. bis 6. Jahrhundert, die oberen Teile im 12. Jahrhundert. Der charakteristisch eingekerbte Schmuck dieser Abschnitte erhöht die Monumentalität des Turms.
Das unbedeutende kleine Tor führt in einen mächtigen inneren Mantel und öffnet sich auf der der Festung zugewandten Seite, die von niedrigen Gewölbebogen in acht Geschosse gegliedert ist. Jedes Gewölbe hat in der Mitte eine mit Geländer versehene Öffnung von 3 Meter Durchmesser, die einen Ausblick auf den ganzen Turm und zum freien Himmel gewährt. Diese Öffnung wird Opeion genannt und diente ursprünglich mehreren Zwecken: Sie ermöglichte eine bessere Beleuchtung der Innenräume und eine schnelle Verbindung zwischen den einzelnen Stockwerken. Dieses Opeion ist ein wahres architektonisches Bravourstück. Der heutige Betrachter sieht es nur in stark umgestalteter Form, denn die Gewölbe mußten Anfang des 20. Jahrhunderts restauriert werden. Dabei wurde die einstige Eigenart des Bauwerkes stark beeinträchtigt.
In allen acht Geschossen des Turms befindet sich ein niedriger Raum. Die Stockwerke sind durch eine in die Mauer eingelassene Treppe verbunden. Eine Ausnahme bildet nur

das Erdgeschoß, von wo man über eine Leiter hinaufsteigen muß. Die Leiter kann im Notfall hochgezogen werden. Licht und Luft erhalten die Räume außer durch das Opeion auch durch Schießscharten bzw. kleine Fenster. Der Turm besaß einen eigenen Brunnen.
Die Öffnung, die vom fünften Geschoß unmittelbar ins Freie führt, gab Anlaß zu vielen Diskussionen. Ihre Form verweist unbestritten auf eine Tür. Die Schwellenhöhe entspricht dem Boden, in den Balken des Rahmens ist noch der Platz für die Scharniere und das Schloß erkennbar. Die Wände des zur Öffnung führenden kleinen Ganges und die Rahmenbalken sind stark abgenutzt, was auf eine häufige Benutzung des Ganges schließen läßt, die Schwelle könnte von vielen Schritten ausgetreten worden sein. Auf dieser Turmseite liegen in der Tiefe Überreste von Gewölben, Kämpfersteinen und Konsolen. Vermutlich sind es Teile jenes Vorbaus, der einst zu der Tür in der Nähe der Wellenbrechermauer führte.
Anfang des 19. Jahrhunderts haben russische Ingenieuroffiziere das ganze Gebäude sowie die Dokumente und Zeichnungen gründlich untersucht. Dabei stellten sie fest, daß Struktur und innerer Ausbau der Jungfernbastei damals noch unverändert erhalten waren. Nur das Dach war mehrmals umgebaut worden, da hier die Kanonen untergebracht waren. Im Laufe der Zeit hat es mehrere verschiedene Dachkonstruktionen gegeben, die das Äußere der Bastei und auch das Stadtbild von Baku in gewissem Maße veränderten.

Nachitschewan, Mausoleum des Jussuf ibn Kusejir

Südwestlich von Baku, unmittelbar an der iranischen Grenze, liegt in einer bezaubernden Landschaft Nachitschewan. Hier stehen die Mausoleen von Jussuf ibn Kusejir und Mu'mine Chatun. Das erhabene, einfache Grabmal des großen Feldherrn Jussuf ibn Kusejir wurde 1162 erbaut.
Der verhältnismäßig kleine achteckige Ziegelbau wird von einem Zeltdach überdeckt. Die Seitenwände werden durch Lisenen betont. Die Wände sind mit Kacheln verkleidet, die von kleinen, geometrisch unterschiedlichen, mattfarbigen Mustern übersät sind. Auf dem oberen Teil des Mausoleumturms zieht sich unter dem einfachen stufenförmigen Gesims ein Fries entlang, der mit einer kufischen Inschrift ausgefüllt ist. Auch der Text ist von geometrischen Motiven durchwoben.

Das Mausoleum
des Jussuf ibn Kusejir in Nachitschewan.
1162, Querschnitt und Grundriß

Der Eingang zum Mausoleum liegt im Westen. Diese Mauer ist der am geringsten verzierte Teil des Gebäudes. Nur der Torbogen und das darüber befindliche rechteckige Feld sind von einer Reihe sternförmiger Kacheln ausgefüllt. Darüber verkündet eine bescheidene kleine Tafel den Namen des hier bestatteten Feldherrn und den Namen des Baumeisters, Adschemi ibn Abubekr aus Nachitschewan, sowie das Baujahr. Das Rundbogenportal stützt sich auf Dreiviertelsäulen, deren reichverziertes Kapitell die Aufmerksamkeit des Betrachters fesselt.
Das Innere ist in zwei Teile gegliedert, in einen hohen, breiten oberen Raum und die darunter befindliche Grabkammer. In den überwölbten unteren Teil führt vom Boden des oberen Teils eine Treppe. Die Mauern wurden auch innen glatt verputzt. Die Lisenen, die die Ecken des Achtecks betonen, bestehen aus Rohziegeln. Beim Übergang von der Wand zum Deckengewölbe wiederholt sich das stufenförmige Gesims.

Nachitschewan, Mu'mine-Chatun-Mausoleum

Der Baumeister Adschemi ibn Abubekr nimmt einen wichtigen Platz in der Geschichte der aserbaidschanischen Architektur ein. Er stammte aus Nachitschewan, und hier schuf er alle drei, auch heute noch erhaltenen, berühmten Werke: das Jussuf-ibn-Kusejir- und das Mu'mine-Chatun-Mausoleum sowie das große Tor mit zwei Minaretten in unmittelbarer Nähe. Der schönste Beweis für das Talent und Können des Meisters ist das Mu'mine-Chatun-Mausoleum, das zugleich eine der wertvollsten und imposantesten Schöpfungen der mittelalterlichen Baukunst darstellt. Der Architekt erweckte den alten Baustil zu neuem Leben und gründete die Schule von Nachitschewan. Die Baumeister von Nachitschewan schufen eine ganze Reihe großartiger Gebäude der islamischen Kunst. Man kannte sie sogar in Indien. Für ihre Werke waren die sowohl außen als auch innen verwendeten bunten — vorwiegend türkisfarbenen — Kacheln typisch. Die glasierten Kacheln bewahren noch nach achthundert Jahren den lebhaften Glanz ihrer Farben.
Das Mu'mine-Chatun-Mausoleum ließ der Beg Muhammed Dschehan Pahlevi für seine erste Frau erbauen. Bereits in einer Chronik aus dem Jahre 1186 wird es mit der dazugehörigen Koranschule erwähnt. Obwohl beide Mausoleen in die Gruppe der Turmgrab-

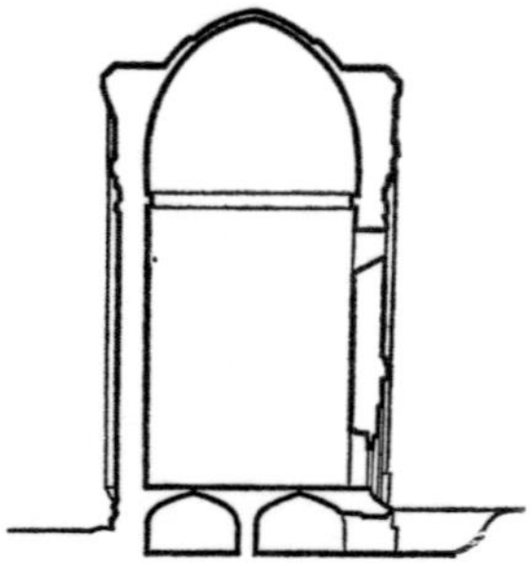

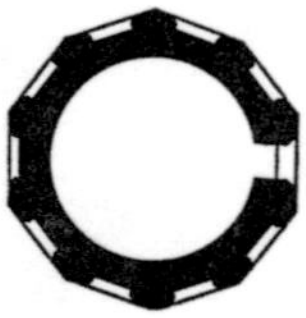

Das Mu'mine-Chatun-Mausoleum in Nachitschewan. 1186, Querschnitt und Grundriß

mäler gehören, überragt dieses Grabmal das früher erbaute Mausoleum. Der zehneckige Bau erhebt sich weit über die Gebäude der Umgebung hinaus und beherrscht auch heute noch die Landschaft. Zeichnungen, Fotos und Dokumente aus dem 19. und 20. Jahrhundert beweisen, daß das Grabmal einst zu einem Sakralkomplex gehörte.

In einer Beschreibung aus der Mitte des vergangenen Jahrhunderts steht folgendes über die Gebäudegruppe: „Die mächtige Moschee ist eine Anhäufung von eng aneinander und übereinander angeordneten Gewölbebogen. Innen sind noch die Spuren der verschiedensten Verzierungen sichtbar, obwohl ein Teil des Gebäudes bereits zusammengefallen ist und auch die andere Hälfte jeden Augenblick einstürzen kann. Den Mittelpunkt bildet der große Kuppelgebetsaal, dem sich ringsum mehrere kleinere Räume anschließen. Äußerlich unterscheiden sie sich nicht von den üblichen Konstruktionen der türkischen Moschee." Etwa 50 Meter vom Gebäude entfernt stand das große Portal mit den beiden Minaretten. Zwischen dem Turm und der Moschee befand sich einst eine Reihe zusammenhängender Gebäude, die religiösen Zwecken dienten.

Das Mu'mine-Chatun-Mausoleum ist ein eindrucksvoller Ziegelbau. Sein Fundament wurde mit großen roten Dioritplatten und das Gebäude selbst mit bunten, vorwiegend türkisfarbenen Kacheln ausgelegt, die ein geometrisches Muster bilden. In den massiven Ziegelbau wurden ursprünglich nur auf zwei Seiten Öffnungen eingelassen, auf der einen Seite befanden sich das Eingangstor und ein kleines Fenster, auf der anderen ein zweites kleines Fenster. Die Ecken des Zehnecks werden durch vorspringende, gegliederte Bündelpfeiler betont. Horizontal werden die Mauerflächen von einem Gesims abgeschlossen. Pfeiler und Gesimse zeigen abwechslungsreiche Verzierungen, doch auch die Mauern sind mit Moresken, ineinander verflochtenen und so Muster bildenden Stäben sowie mit Zeichnungen und Abbildungen in einer speziellen Technik dekoriert. Dieses komplizierte und genaue Muster ist ein genialer Gegensatz zur Monumentalität des Gebäudes. Über dem Gesims und den abschließenden, stufenartigen, mehrteiligen Bögen befindet sich ein glänzender türkisgrüner Fries. Der Fries trägt eine kufische Inschrift, die freien Flächen jedoch sind durch andere Motive und kleine Reliefs gegliedert. Den Übergang vom Fries zum Dach bildet ein leicht herausragendes, stalaktitisches, türkisfarbenes Gesims. Die Seiten des Zeltdachs haben eine glatte gekachelte türkisfarbene Oberfläche.

Der Eingang zum Mausoleum liegt im Osten. In den oberen Raum führt eine verhältnis-

Scheki, Hauptfassade des Khan-Palastes. 1797

Scheki, bemalte Dachrinne des Khan-Palastes. 18. Jh.

mäßig kleine Bogentür. Über dem Eingang gibt eine kufische Inschrift den Namen des Baumeisters und das Baujahr an.
Die beiden Innenräume sind nach Art der Turmmausoleen völlig unabhängig voneinander. In die Grabkammer kann man unmittelbar aus dem Freien gelangen. Sie ist ein niedriger, finsterer Raum. Die Gewölbedecke wird von einem dicken Mittelpfeiler gehalten. Die Wände bestehen aus künstlerisch übereinandergelegten Ziegelreihen, doch mildert das nicht die düstere Stimmung der Grabkammer.
Die Atmosphäre des oberen Raumes wird von anderen architektonischen Elementen beeinflußt. Der kreisförmige, 27,5 Meter hohe Gewölberaum mit nur angedeuteten Bogenlinien vermittelt das Gefühl der Vergänglichkeit, des Gedenkens und der Verehrung, dieser Eindruck wird noch durch die schmucklosen Wände — die verputzten Flächen werden nur von vier Rosetten belebt — und das Halbdunkel verstärkt. Das Mausoleum hatte ursprünglich nur zwei kleine Fenster, das dritte wurde bei der Restaurierung im 19. Jahrhundert eingebaut.
Unweit des Mausoleums steht das bereits erwähnte Tor mit den zwei Minaretten, ebenfalls ein Werk Adschemis. Die Formen des Tores stimmen mit den üblichen Eingängen anderer kultischer Gebäude oder Medresen (Koranschulen) überein. Die Bogentür wird von Zierstreifen umrahmt, darüber ist eine Tafel mit der Inschrift angebracht: „Gebaut von dem Architekten Adschemi ibn Abubekr aus Nachitschewan". Einen Gegensatz zu der reichen Verzierung des Tores bilden die glatten Mauern, das regelmäßige Muster der Ziegelreihen wird von den türkisfarbenen glasierten Kacheln belebt.

Das Mausoleum des Scheichs Chorassan

Zwischen den Bergen von Nachitschewan steht auf einem kahlen Abhang in der Nähe des Flusses Alindscha das verwitterte Mausoleum des Scheichs Chorassan mit drei umgestürzten Säulenstümpfen vor dem Gebäude. Das Grabmal trägt die typischen Züge der Nachitschewaner Schule, das angebaute würfelförmige Gebäude entstand dagegen im 15. Jahrhundert.
Das Mausoleum aus hellen ockerfarbenen Ziegeln ist ein massives, niedriges viereckiges Gebäude, das über dem Obergeschoß in ein Achteck und noch höher in ein Sechzehneck übergeht. Der Bau ist von einer Kuppel bedeckt. Das südlich davon stehende Portal wird von dem Gebäudekomplex aus dem 15. Jahrhundert fast verdeckt. Die noch sicht-

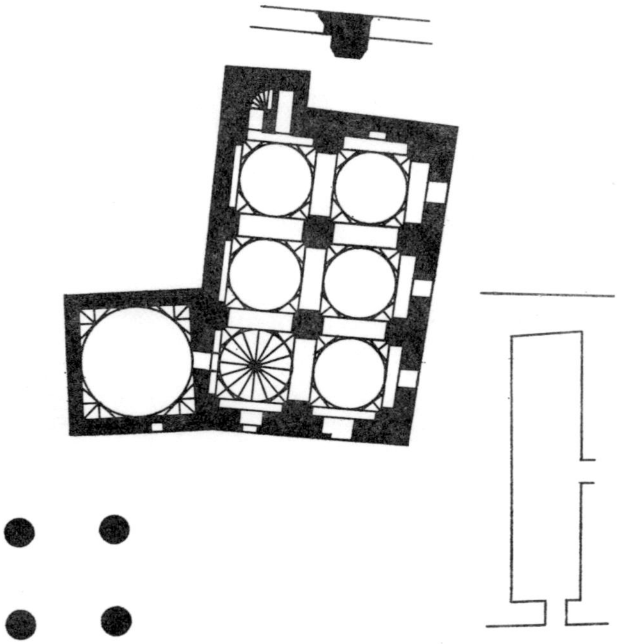

Das Scheich-Chorassan-Mausoleum am Ufer des Flusses Alindscha. 12./13. Jh., Grundriß

baren Teile des Tores zeugen von den Traditionen der Nachitschewaner Schule. Die Ausbildung der Deckplatten, die Mauerung, die Verzierung der schmalen geschliffenen Platten, die im Mittelpunkt des Motivs eingefügte türkisfarbene Kachel, die feine Zeichnung der Fläche zwischen den Ziegeln und der rhythmische Wechsel von Licht und Schatten zeigen Ähnlichkeiten zu dem Mu'mine-Chatun-Mausoleum.

Auch in diesem Gebäude befinden sich zwei Räume. Der größere Raum im Erdgeschoß wirkt zu lebhaft, was ein wenig störend ist. Das Mihrab (Gebetsnische) wird von einer herrlichen Steinmetzarbeit umsäumt, die typisch angeordnet ist: der Rahmen wird von einem niedrigen, sich auf Halbsäulen stützenden Bogen abgeschlossen, der mit Arabesken und Pflanzenmotiven verziert und von abwechslungsreichen Pflanzenornamenten umrahmt ist.

Aus angebrachten Inschriften weiß man, daß das Mausoleum Ende des 12. oder Anfang des 13. Jahrhunderts erbaut wurde. Eine dreizeilige Inschrift gibt Namen und Rang des auftraggebenden Emirs sowie den Baumeister Hodscha Dschamal-al-gin an.

Baku, die Ruinen von Bajilow

In der Bucht von Baku, unweit der Küste, erhebt sich eine kleine Insel aus dem Meer, die durch ihre Ruinen berühmt wurde. Der russische Orientalist I. Beresin hat hier vor etwa hundert Jahren die Spuren einer kleinen Festung gefunden, die vermutlich durch ein Erdbeben vernichtet wurde. Kleine Burgen wurden im Mittelalter überall gebaut. Die Inselfestung war viele Jahrhunderte vom Wasser bedeckt. Erst das Fallen des Wasserspiegels hat die Erschließung ermöglicht. Die Ausgrabungen haben sehr viele zerfallene Bauteile wie Gesimse, Bögen und Konsolen, Zierelemente und viele zerstreute, vom Wasser ausgewaschene Steine zum Vorschein gebracht. Vor kurzer Zeit wurde eine Reihe charakteristischer Zweinischen-Pilgerzellen entdeckt.

Vom künstlerischen und historischen Standpunkt aus sind die Teile des mehrere Meter langen Frieses, der wahrscheinlich um die Burgmauern und die Türme lief, am wertvollsten. Aus dem Schlamm wurden mehrere hundert Steintafeln gehoben und im Innenhof des Palastes in Baku aufgestellt. Sie sind fast alle 70 bis 72 cm hoch und 25 bis 30 cm breit. Ihre Oberfläche ist mit persischen Inschriften und Menschen- und Tierfigurenmotiven verziert.

Beachtenswert ist, daß zwischen den ruhenden Kamelen und Büffeln auch mongolide Gesichter zu sehen sind. In der islamischen Religion war die figürliche Darstellung streng verboten, daher waren Malerei und Bildhauerei stark in den Hintergrund geraten und nur die ornamentale Verzierung erlebte eine Blütezeit. Der kunstgeschichtliche Wert der bildhauerischen Arbeiten wird durch die Entdeckung der figürlichen Darstellungen noch verstärkt, denn die Menschendarstellung war auch in der islamischen Kunst Aserbaidschans ein Grenzproblem. In islamischen Gebieten, die mit anderen Religionen in Berührung standen, konnte sich das Verbot der Menschendarstellung nicht in vollem Maße durchsetzen.

Die Schmuckelemente sind vielseitig, abstrakte und realistische Motive wechseln einander ab, die fast nur geritzten Flachreliefdarstellungen werden von skulpturartigen Hochreliefs abgelöst. Aus diesen Abweichungen ziehen die Forscher die Schlußfolgerung, daß die Steintafeln nicht an einem Ort hergestellt wurden, sondern in mehreren verschiedenen Werkstätten, eventuell weit von der Insel entfernt, und daß man sie dann an Ort und Stelle eingebaut hat. Der Stil der einzelnen Details ist sehr unterschiedlich und erinnert auch an georgische, armenische, dagestanische und sogar an ferne russische (Wladimirer und Susdaler) Schnitzereien aus dem 13. Jahrhundert. Die mit Diademen, Perlenketten und Girlanden bekränzten Köpfe z. B. zeigen sassanidischen Einfluß. Derartige Vergleiche und Übereinstimmungen sind ein wichtiger Anhaltspunkt bei der Bestimmung der damaligen Beziehungen Aserbaidschans zu anderen Kulturen und bei der Beurteilung, inwieweit sich die Stile ausbreiteten, untereinander ausgetauscht wurden oder einander beeinflußten. Sie beweisen, daß Aserbaidschan weitläufig orientiert war.

Die Schrift der Friese konnte nach langer, mühsamer Arbeit entziffert werden. Das Ergebnis brachte zutage, daß die Festung 1234/35 vom Schirwaner Architekten Abu-Raschid ibn Sajd-ad-din erbaut wurde. Auch der Name des Steinmetzen, Meister Raschid, ist vermerkt.

Festungsanlage Hanega

Am steilen Ufer des Flusses Pirsagat, an der Straße von Schemacha nach dem Iran, liegt eine Festungsanlage aus dem 12. bis 14. Jahrhundert. Sie trägt den Namen Hanega und ist seit ihrer Errichtung einer der wichtigsten Bauten der gesamten Umgebung gewesen. Aus der Beschreibung des Reisenden Wassat aus dem 14. Jahrhundert wissen wir, daß sich 1318, als die Truppen von Üzbek, dem Khan der Goldenen Horde, die Gegend überfielen, an dieser Stelle eine sehr reiche Siedlung befand. Der Khan hat nach überlieferten Dokumenten den Befehl gegeben, das geraubte Gold und die wertvollen Pelze zurückzuerstatten.

Die Bauten von Hanega umsäumen einen weiten Hof, dessen Ecken von Basteien abgeschlossen sind. Die befestigten Mauern sind aus Kalkstein. Innen stehen ein Minarett, eine Moschee und mehrere kleine Gebäude entlang der Mauern, außerhalb des Hofes befinden sich die Karawanserei und die Ställe. Am beachtenswertesten ist das Minarett, ein typisches Bauwerk der Schirwaner Bauschule. Auf dem länglichen Fundament steht der achteckige Sockel des schlanken Minarettbaus. Der Erker des Muezzins wird von einem geschnitzten Steingesims gehalten. Aus Inschriften verschiedener Epochen kennen wir das Baujahr — 1256 — und den Namen des Erbauers, Mahmud ibn Maksud. Das Minarett diente einst auch als Wachtturm. Die Proportionen und die erlesenen Details stellen gegenüber den strengen und schwerfälligen Formen des Synyk-kala-Minaretts in Baku eine Weiterentwicklung dar.

Die Moschee von Hanega ist aus fein gemeißelten und präzise zusammengefügten Steinplatten erbaut. Ihren quadratischen Raum überdeckte ein Spitzbogen-Steingewölbe, auch der Fußboden war mit Steinplatten ausgelegt. Der wertvollste Teil des Gebäudes ist das in ihre Südmauer eingelassene, mit Wandmalereien geschmückte Mihrab. Der quadratische Rahmen der Nische und die Wandgemälde werden durch ein Blumengewinde mit verschlungenen Inschriften in kufischer Schrift von der farbigen Kachelverkleidung getrennt.

Neben dem kleinen dunklen Eingangstor der Moschee liegt die gewölbte Gruft des Pir-Hussein. Die roh bearbeiteten Mauern und Gewölbebogen der Gruft hatten einst eine wunderbare Keramikverkleidung. Ihr besonders wertvoller Schmuck ist ein elf Meter langer Fries, dessen kobaltblaue und türkisfarbene Kacheln golden und metallisch schimmern. Der hohe Rand verdeckt zum Teil die früheren Inschriften. Der Fries setzt sich am 1,6 Meter hohen Rand des Raumes fort. Er besteht aus sechshundert großen

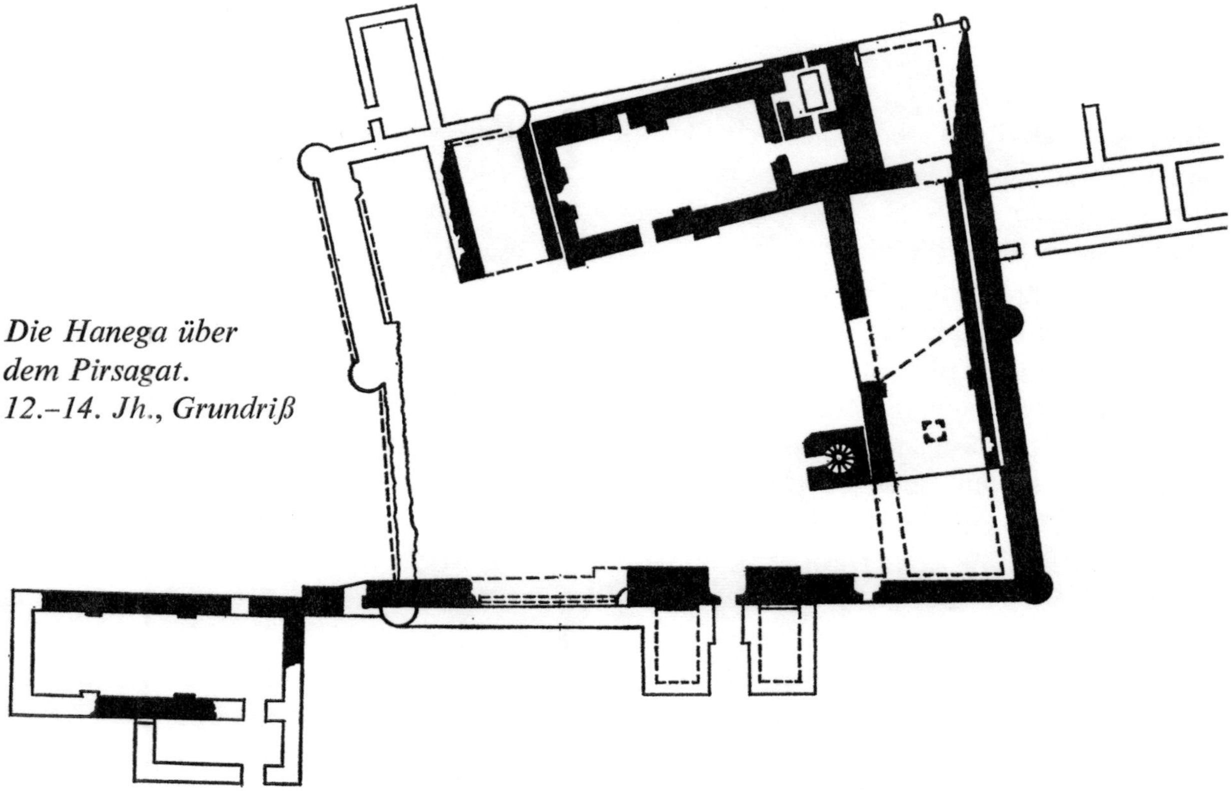

Die Hanega über dem Pirsagat. 12.–14. Jh., Grundriß

griechischen Kreuzen und dazwischen befindlichen achtzackigen Sternen. Seine sternförmige Mitte ist mit Darstellungen verschiedener Themen, Komposition und Ausarbeitung in funkelnden türkis-, kobalt- und rotgoldenen Farben ausgefüllt. Einst war auch das Gewölbe der Gruft mit Kacheln ausgelegt. Der Kachelschmuck des Grabmals gehört zum Schönsten im Mittleren und Nahen Osten.
Interessant an Hanega ist, daß wir hier eine Vereinigung der Schmuckelemente aus Süd- und Nordaserbaidschan finden, also die wunderbare, bis ins Detail ausgefeilte Steinmetzarbeit und die herrlich glänzende, farbige Kachelverkleidung. In diesem Gebäude sind sämtliche Stilelemente der Epoche auf neue Art miteinander verschmolzen.

Mittelalterliche Brücken

Aserbaidschan ist ein Land mit wilden Flüssen und Bächen. Die verkehrsreichen und auch die ruhigeren Straßen werden oft von Wasserläufen durchschnitten. Deshalb baute man viele Brücken aus Holz, Stein oder Ziegeln, die alle eine ähnliche Bogenkonstruktion haben. Die meisten kleineren Brücken sind zerstört worden, zahlreiche Dokumente beweisen ihre Existenz.

An den verkehrsreichsten Karawanenstraßen, z. B. über den wasserreichen Araks oder Hram, hat man große Brücken gebaut, die manchmal elf und sogar fünfzehn Bogen hatten. Doch sie waren nicht nur technisch fehlerfrei konstruiert, sie entsprachen auch weitgehend den künstlerisch-ästhetischen Erfordernissen. Die Reisenden und Gelehrten der verschiedensten Epochen zollen ihnen große Anerkennung.

Die bekannteste Brücke ist die Synyk-Kerpü, d. h. Rote Brücke, die sich über den Araks nahe der Mündung des Hram spannt. Hier führt die uralte Straße nach dem Iran. Die Völker des Kaukasus nennen die Brücke auch die „durchbrochene Brücke". Beachtung verdient sie zum einen wegen ihrer ungewöhnlichen Ausmaße, sie ist 175 Meter lang, und zum anderen wegen ihrer Konstruktion, die ihr auch im Volksmund ihren Namen verliehen hat. Vier Bogen spannen sich von einem Flußufer zum anderen, wobei jeder Bogen eine andere Spannweite hat. In den Pfeilern der Uferauffahrt bzw. in den Stützmauern am Ufer ist je ein großer Raum ausgebaut. Das waren einst die Rasträume. Die Pfeiler wurden durch Wellenbrecher geschützt.

Die Rote Brücke wurde im 12. Jahrhundert an der Stelle einer eingestürzten Brücke nach den Plänen von georgischen oder aserbaidschanischen Architekten errichtet. Georgische Quellen erwähnen um die Mitte des 13. Jahrhunderts Restaurationsarbeiten. Die Ausführung der Brücke verweist zwar auf einen gewissen persischen Einfluß, doch können wir sie aufgrund ihres eigenartigen Stils als ein aserbaidschanisches Werk betrachten, ebenso wie die beiden anderen Brücken über den Araks bei der Übergangsstelle von Hudaferin. Die architektonische Konstruktion dieser Brücken aus roh gehauenen Quadern mit Ziegelverkleidung zeigt eine Verwandtschaft mit der Roten Brücke, obwohl sie viel später erbaut wurden. Sie haben elf bzw. fünfzehn Bogen, sind 100 bzw. 130 Meter lang und 4,5 Meter breit.

Ebenfalls aus dem 12. bis 13. Jahrhundert stammt die Brücke über den Araks bei dem Dorf Dschuga.

Baku, Burg Dschebachan

Das Synyk-kala-Minarett, die Jungfernbastei und die Ruinen von Bajilow geben noch kein vollständiges Bild von dem mittelalterlichen Baku. Die Tataren haben Schemacha, Gandscha, Bajlakan und viele andere Städte zerstört, doch Baku blieb verschont. Die Quellen betonen immer wieder, daß die Beständigkeit des Stils und die kontinuierliche Entwicklung der Traditionen für die Baukunst der Stadt charakteristisch sind. Die Burgen sind typische Bauten des Mittelalters, die immer einem doppelten Zweck dienten: Sie boten Schutz und Unterkunft.

Auf dem Gebiet von Baku standen mehrere Burgen, ihre genaue Zahl ist unbekannt. Eine Burg wurde in der Nähe der heutigen Akademie der Wissenschaften mit Hilfe einer Militärkarte aus dem Jahre 1806 entdeckt, in der sie unter dem Namen Dschebachan-Bastei mit Waffenarsenal verzeichnet war. Die Burgmauern und die Gebäude stammen aus dem 14. Jahrhundert, das Waffenarsenal wurde später errichtet. Bei den Ausgrabungen fand man die unteren Mauerabschnitte und die Fundamente. Ein Vergleich mit anderen erhaltenen Burgen der Halbinsel Apscheron läßt vermuten, daß die Burg Dschebachan ein großes rechteckiges Bauwerk war. Seine vier Ecken wurden von Rundbasteien betont, den Abschluß bildeten herausragende Gesimse mit Schießscharten. Die Burgmauern umschlossen einen verhältnismäßig kleinen Innenhof, in dessen Mitte sich der Wohnturm erhob. Der Wohnturm wird drei- bis viergeschossig gewesen sein, die Stockwerke hatten eine Balkendecke, selten eine Steindecke. Die Stockwerke waren durch eine Wendeltreppe verbunden. Das oberste Geschoß des Wohnturms war ausschließlich militärischen Zwecken vorbehalten, ebenso wie die vier Eckbasteien.

Die Burg von Nardaran

Die Burg Dschebachan in Baku war vermutlich ein Teil jener Befestigungskette, die entsprechend den Erfordernissen des Mittelalters das ganze Land durchzog und nach allen Richtungen Schutz gegen einen Angriff bot.

Besonders auf der Halbinsel Apscheron sind viele Burgen erhalten geblieben. Die Befestigungen verständigten sich durch Licht- und Rauchsignale. Eine der am besten erhaltenen Burgen auf der Halbinsel Apscheron ist die Burg von Nardaran. In die sorgfältig

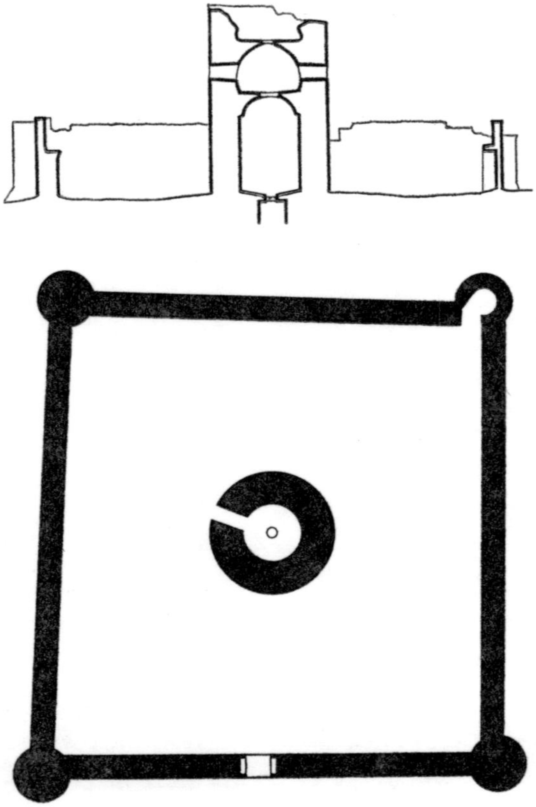

Die Burg von Nardaran. 1301, Querschnitt und Grundriß

verputzte Steinmauer des Turms sind zwei beschriftete Tafeln eingelassen. Auf der einen ist das Baujahr — das Jahr 700 der Hidschra, d. h. 1301 n. Chr. — und der Name des Auftraggebers, auf der zweiten der Name des Architekten, Mahmud ibn Saad, vermerkt. Der kleine Burghof bildet ein nicht ganz regelmäßiges Quadrat. Der Wohnturm ist dreigeschossig, die Räume sind durch ein Steingewölbe abgeschlossen.

Interessanterweise geht die Wendeltreppe nicht direkt vom Erdgeschoß aus. Die Licht- und Lüftungsöffnungen des Turms sind im Vergleich zu den anderen Burgen sehr klein. Zur Verteidigung der Burg diente vor allem das heute völlig verfallene oberste Geschoß des Wohnturms.

Die Burgmauern sind etwa fünf Meter dick und viel gröber bearbeitet als der Turm. An den vier Ecken standen Rundbasteien. Oben läuft ein breiter Gang mit herausragender Brustwehr. Die Brustwehr ist alle anderthalb Meter von Schießscharten durchbrochen.

Die Burg von Mardakjan

Baujahr und Erbauer der Burg von Mardakjan sind uns nicht bekannt. Früher wurde angenommen, daß sie aus dem 12. Jahrhundert stammt und der Schah von Schirwan, Sohn des Achsitan Menutschechra, der Auftraggeber war; doch diese Behauptung läßt sich nicht beweisen. Es ist wahrscheinlich, daß sie Mitte oder in der zweiten Hälfte des 14. Jahrhunderts erbaut wurde. Von dem 22 Meter hohen Turm hat man eine herrliche Aussicht auf das 2,5 Kilometer entfernte Meer und das weite Land. In dem 28 × 25 Meter großen Burghof fand man mehr als dreißig in Kalksteinfelsen gehauene krugförmige Wasserbehälter sowie mehrere Brunnen. Die Burgmauern sind sechs Meter hoch, an den vier Ecken wurden auch hier Rundbasteien erbaut. Der Wohnturm und die Burgmauern werden von einem Gesims abgeschlossen. Die Burg gleicht den beiden vorher be-

Scheki, Khan-Palast, Inneres des westlichen Saales. 1797

Scheki, Wandmalerei aus dem Khan-Palast. 18. Jh.

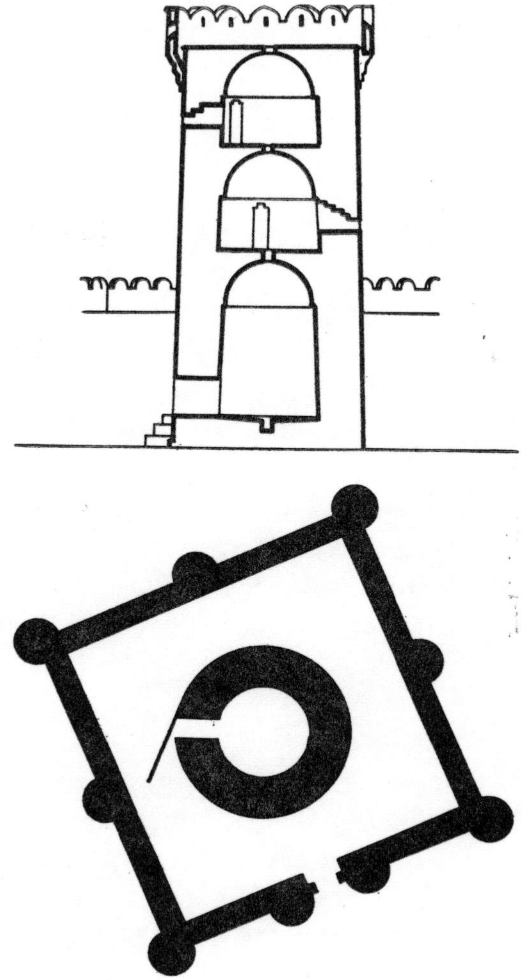

Die Burg von Mardakjan.
14. Jh., Querschnitt und Grundriß

schriebenen und liefert den Beweis, daß die Befestigungen damals nach gleichen Plänen errichtet wurden.
Die Burg von Mardakjan weicht aber trotz ihrer Ähnlichkeit von den anderen Burgen darin ab, daß ihr Wohnturm höher ist als üblich. Er hat fünf Geschosse. Die Wendeltreppe beginnt zwei Meter über dem Erdgeschoß. Die Monumentalität des Wohnturms wird durch die Rundbasteien an den vier Ecken unterstrichen. Die rustikal verputzten Steinreihen und die düsteren kleinen Schießscharten stehen in eigenartigem Gegensatz zu dem reichverzierten oberen Gesims.

Die Burg von Ramana

Ramana ist heute ein kleines Dorf auf der Halbinsel Apscheron. Seine Burg liegt auf einem natürlichen Felsvorsprung und ist eine viel individuellere Schöpfung als die Burg von Mardakjan. Die Erbauer nahmen den Felsen als Fundament und paßten die Konstruktion so an, daß die Burgmauern eine organische Einheit mit dem Felsen bilden und als dessen Fortsetzung wirken. Dadurch ist auch der Burghof ein unregelmäßiges Viereck. Das vorspringende Rundbogenportal steht an der hügeligen Westseite. Die vier Ecken werden wieder von Rundbasteien abgeschlossen, eine fünfte erhebt sich etwa in der Mitte

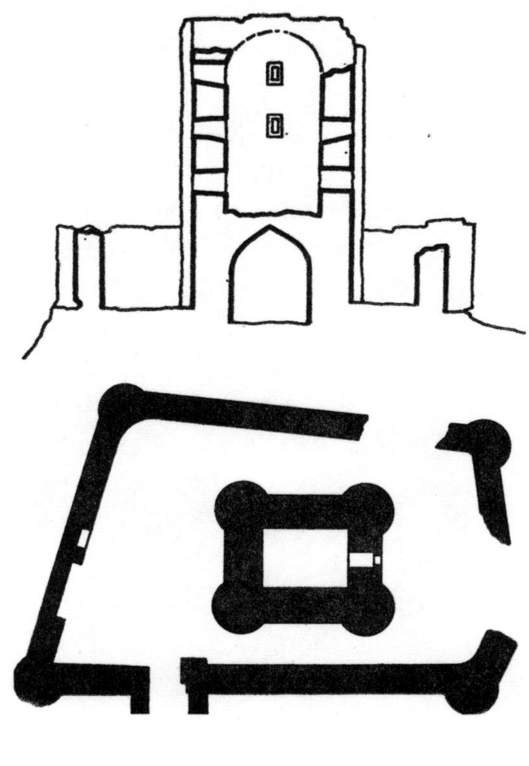

Die Burg von Ramana.
14. Jh., Querschnitt und Grundriß

der einen Mauer. Auch an den Ecken des massiven Wohnturms finden sich Rundbasteien. Das Burgtor und der Eingang zum Wohnturm decken und schützen einander. Die innere Wendeltreppe geht vom Erdgeschoß aus und führt zu den vier Stockwerken. Über die unteren und oberen Räume wölben sich Steindecken, die beiden mittleren Räume haben Holzbalkendecken.
Das Baujahr der Burg und der Name des Architekten sind nicht bekannt. Aufgrund des Stils wird die Bauzeit in die Mitte des 14. Jahrhunderts gelegt, was auch die verwitterte Inschrift der Steintafel über dem Turmeingang zu bestätigen scheint.

Karabaglar, Mausoleum

Am Fuße des Berges Sangesugi, am Rande des Dorfes Karabaglar, steht auf einer verlassenen Wiese ein riesiges Mausoleum mit zwei verfallenen Minaretten. Schriftsteller aus dem 17. Jahrhundert haben das zwischen Jerewan und Nachitschewan gelegene blühende Karabaglar oft erwähnt. Damals war es noch eine bedeutende Stadt mit wunderbaren Gärten, zehntausend Gebäuden, siebzig Moscheen, vierzig Minaretten und vielen anderen öffentlichen Bauten. Von all dem sind nur das Mausoleum und das große Portal der beiden Minarette erhalten. Doch selbst diese wenigen Ruinen bieten einen malerischen Anblick.
Der Stil des Mausoleums verweist in die Zeit des Khans Abu-Said Bachdur (1319 bis 1335). Die Minarette sind wahrscheinlich im 12. Jahrhundert entstanden. Das Zentrum bildete das Mausoleum, Ruhestätte des Dschehan Kudi Chatun. Das Gebäude aus zwölf miteinander verflochtenen Halbzylindern steht auf einem mächtigen, mit Steinplatten ausgelegten Fundament, seine Fassade ist mit farbigen, vorwiegend türkisfarbenen Kacheln geschmückt. Die Kacheln wechseln mit sandfarbenen Ziegeln und bilden ein einfaches quadratisches Netzmuster, das mit milchweißen Inschriften ausgefüllt ist. Die Mauer wird von einem dunkelblauen breiten Blattgewinde abgeschlossen. Über dem Fries ist noch an einigen Stellen das vielfarbige Kachelmosaik des Gesimses sichtbar. Das Dach und das Gewölbe sind völlig zerstört. Die Fassade ist der schönste Teil des Mausoleums. Sie stand in keiner Beziehung zum Inneren, was im Orient des 14. Jahrhunderts keine Seltenheit war.
Zum großen Raum des Erdgeschosses führen vier Tore, die in einer symmetrischen Achse zueinander stehen. Das südliche, östliche und westliche Tor sind gleich. Dreiviertelsäulen

Das kultische Zentrum in Karabaglar. 12.–14. Jh., Grundriß

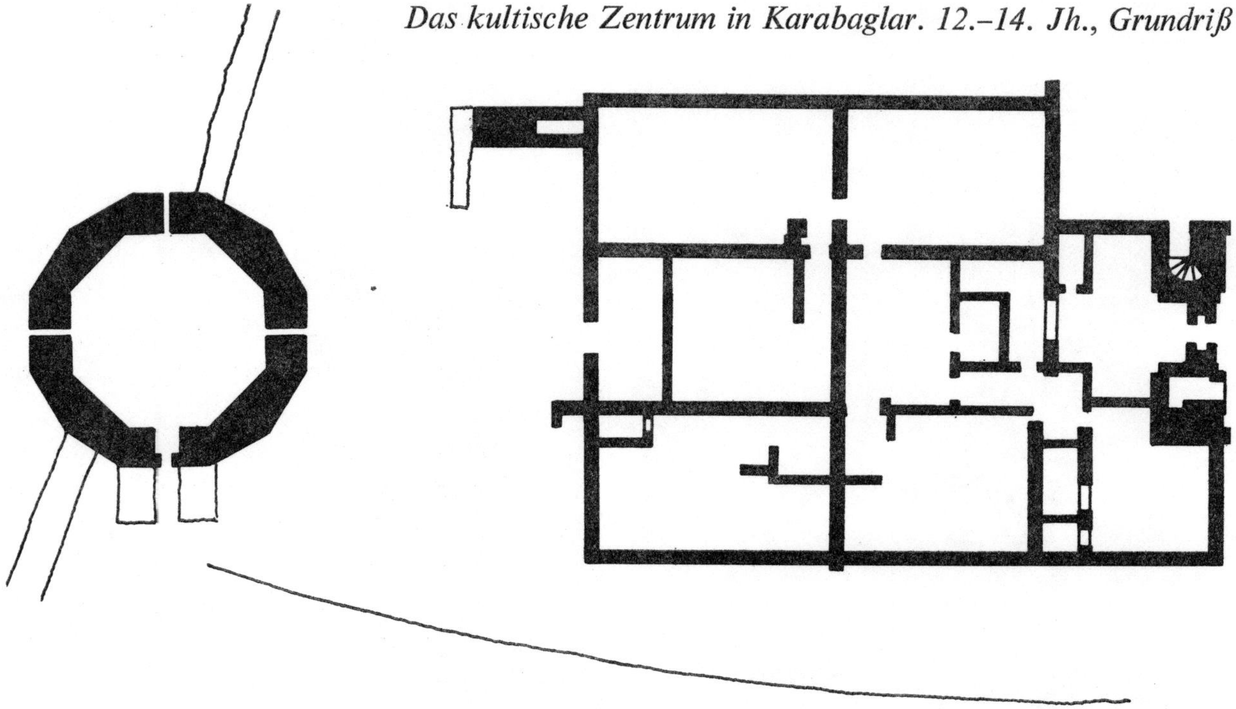

tragen ein Stalaktitengewölbe, der gekachelte Türrahmen ist mit Girlanden in kufischer Schrift verziert. West- und Südtor sind mit stilisiertem Pflanzenornamenten, das Osttor mit geometrischen Motiven verziert. Die Säulen tragen Mosaiken. Das Nordtor unterscheidet sich von den anderen dadurch, daß seine Wandnische tiefer ist, die Inschriften an anderen Stellen stehen und die Kacheln leicht vergoldet sind. Vielleicht war es eine bewußte künstlerische Lösung, daß man die Tore so wirkungsvoll ausgebildet hat, doch kann auch angenommen werden, daß der Architekt von dem Wunsch geleitet wurde, den Raum offener und leichter zu gestalten und auf diese Weise versucht hat, die traditionelle düstere Stimmung des Mausoleums aufzulockern.

Durch die vier Tornischen hat die Grabkammer den Grundriß eines griechischen Kreuzes, über das sich ein Kreuzgewölbe erhebt. Die Wände sind mit Steinplatten verkleidet, ihr Eingang öffnet sich nach Norden. Der zwölfeckige obere Raum ist zweigeschossig und wird von einem Stuckgesims und einer bescheiden geschmückten, einfachen Decke abgeschlossen.

In der Nähe des Mausoleums erhebt sich an zwei Eingangsseiten des großen Tores je ein verfallenes Minarett. Beide haben längliche, im Muster ausgelegte Sockel und einen Dreipaß-Deckenabschluß. Als Übergang zwischen Sockel und Rumpf wurde ein achteckiges Zwischenstück eingeschaltet, das mit türkisfarbenen glasierten Kacheln verziert ist. Den Abschluß bildet ein breiter Streifen mit arabischer Inschrift. Diese beginnt am Rumpf des einen Minaretts und setzt sich auf dem zweiten fort. Die rotbraunen kufischen Buchstaben auf türkisfarbigem Grund erinnern an das Mu'mine-Chatun-

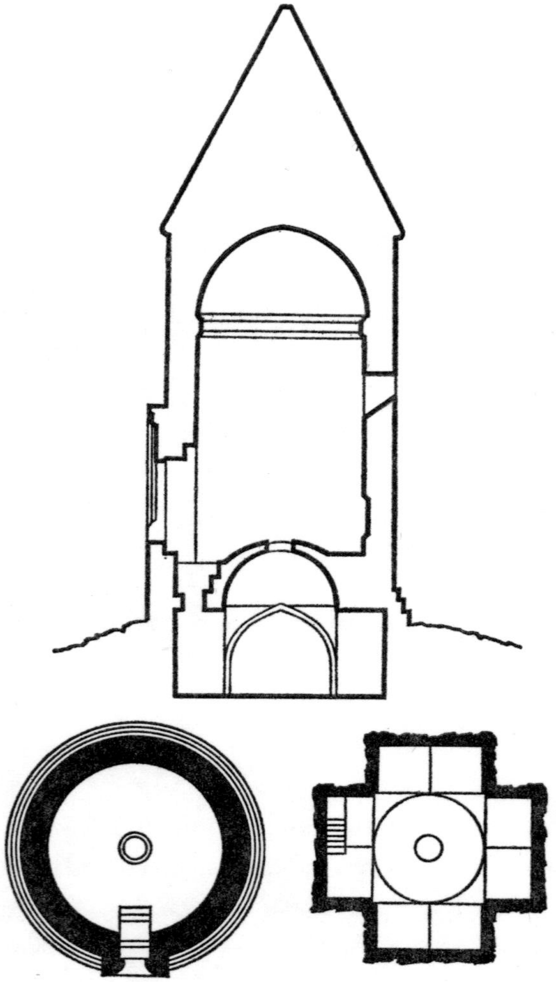

Das Mir-Ali-Mausoleum in Aschagi-Wejsalli. 15. Jh., Querschnitt und Grundriß

Mausoleum. Im Innern des südlichen Minaretts geht eine Wendeltreppe aus Ziegeln vom Erdgeschoß aus, im nördlichen beginnt die Wendeltreppe auf dem Dach eines früheren Gebäudes.
Der Gebäudekomplex des Mausoleums ist keine einheitliche architektonische Schöpfung. Das Mauerwerk des Tores weicht von dem des Minaretts ab, und auch die glasierten Kacheln sind nicht so schön. Dekorationsmotive sind ebenfalls unterschiedlich. Dies alles beweist, daß hier mehrere Meister mit verschiedenen Fähigkeiten und Fachkenntnissen gewirkt haben.

Aschagi-Wejsalli, Mausoleum

An der alten Straße von Bajkalan nach Barda steht ein Grabmal, das im Volke Mir-Ali-Mausoleum heißt. Das auf einem stufenförmigen Fundament stehende schlanke, zylinderförmige Zeltdachgebäude ist eines der schönsten Turmmausoleen des 15. Jahrhunderts und eines der wertvollsten Kunstdenkmäler Aserbaidschans. Seine reinen Proportionen, die regelmäßige Silhouette, die maßvollen Verzierungen und die meisterhaft ausgeführte Steinverkleidung der Fassade verleihen dem Gebäude einen bleibenden Wert. In der Inschrift wird das Baujahr nicht erwähnt, daher kann nur aufgrund schriftlicher Quellen und der modernen Forschung vermutet werden, daß es Anfang des 13. Jahrhunderts erbaut wurde. Die Baukonstruktion wurde später oft nachgeahmt.
Das Mausoleum ist mit regelmäßigen, präzise ineinandergefügten Steinplatten verkleidet, das schmale Tor hat einen einfachen Rahmen mit sorgfältig ausgearbeitetem verschlungenen Girlandenschmuck.
Das Innere hat die traditionelle Einteilung der Grabmäler: Es besteht aus einer in den

Erdboden eingelassenen Grabkammer und einem Gedenksaal im Erdgeschoß. Zur Grabkammer führt der Eingang jedoch nicht von außen, sondern von innen. Der mittlere Teil des kreuzförmigen unteren Raumes ist von einer Kalotte überdeckt, die tiefen Nischen, die die Kreuzbalken bilden, werden durch Tonnengewölbe abgeschlossen. Der ganze Raum ist mit großen, glatten Steinplatten ausgelegt.
Der obere Saal ist asymmetrisch. Der schmale Mihrab (Gebetsnische) befindet sich unter einem kleinen Fenster.

Baku im Mittelalter

Im 13. bis 14. Jahrhundert war Baku eine angesehene Stadt. Damals änderte sich die Richtung der Handelsstraßen, wodurch die Bedeutung Derbents zurückging und Baku an Bedeutung gewann. Von nun an trafen sich hier die wichtigsten Straßen.
Unter der Herrschaft des Schahs Ibrahim I. (1382–1417) von Schirwan erlebte das Land einen raschen Aufschwung. Der Schah war ein kluger Politiker, der die Interessengegensätze der größeren Nationen ausnutzte und so seinem Reich Ruhe und Frieden sicherte. Er war der erste Herrscher, der Baku zu seiner Residenz wählte.
Diese friedliche Periode war der Entwicklung der Wissenschaften und Künste dienlich. Hervorragende Werke entstanden, die den Namen ihrer Schöpfer auch in fernen Ländern bekanntmachten. Nach Derbent z. B. berief man Architekten aus Baku, um die vom Erdbeben vernichtete Stadt neu aufzubauen. Damals entwarf der Meister Tadsch-ad-Din ibn Mussa aus Baku die Säulenmoschee Dschuma in Derbent. Im 15. Jahrhundert entstanden die Stadtmauern, Stadttore und Basteien in Baku. Die zeitgenössischen Quellen, z. B. die Aufzeichnungen der Hofchronisten von Timur Lenk, Scheref-ad-Din, Ali Jasdi oder des Gelehrten Hondemir, geben ein genaues Bild vom Bau der Festung. Den ersten Verteidigungsring bildete der tiefe Burggraben, dann kam die äußere Burgmauer, und parallel dazu, in einer Entfernung von vier bis fünf Metern, die ebenso starke und ähnlich gebaute Innenmauer. Die gerade Linie der Mauern wurde an mehreren Stellen in einem scharfen Winkel gebrochen, wodurch sowohl die Verteidigung als auch der Angriff gleicherweise erleichtert wurden. Die Burgtore waren noch stärker als die Mauern. Sie wurden von einem zweifach gesicherten Gürtel geschützt. Die Mauern erstreckten sich an vielen Stellen bis ans Meer und schützten auch die Häfen. Die Quellen erwähnen, daß aus der Burg bzw. der Stadt mehrere unterirdische Tunnel zum Meer und zum Festland

führten. Geheime Durchgänge gab es in den Burggebäuden und den größeren Wohngebäuden. Dieses geistreiche und fachgerecht angelegte Verteidigungssystem diente als Modell für die Planung anderer Burgen an der Meeresküste, so z. B. auch für den Bau des Hafens von Derbent.
Eine ausführliche Beschreibung Bakus aus dem 15. Jahrhundert gab der Geschichtsschreiber Abd-ar-Raschid ibn Salih: „Die Stadt steht auf einem vom Meer umbrandeten Felsen. Ihre beiden Mauern reichen tief in das Meer hinein. Die Mauern sind so fest, daß sie selbst dem Mongolensturm getrotzt haben. Jedes Haus ist aus Stein erbaut. Ihre bedeutendste Moschee ist die Dschuma-Moschee. Die Luft ist rein und gut, doch der starke Wind treibt oft Menschen und Tiere in die See. Der Boden der Stadt ist unfruchtbar. Nur an einer Stelle gedeihen Feigen, Granatäpfel und Weinreben. Die Stadt besitzt auch Ölquellen, das Öl wird jedoch nicht nur zu Heizzwecken verwendet, sondern auch in Schläuchen auf Kamelen in andere Länder transportiert."
Die bedeutendste Moschee der Stadt war die Dschuma-Moschee. Seit dem 15. Jahrhundert wurde sie mehrmals umgebaut, und im 20. Jahrhundert hat ein reicher Gläubiger sie vollkommen renovieren lassen. Sie steht in einem dicht bebauten Teil der Stadt, wahrscheinlich an der Stelle eines heidnischen Tempels. Ihr Grundriß ist ungewöhnlich: ein unregelmäßiges Sechseck, dessen Süd- und Westecke abgeschnitten sind. Außer der Dschuma-Moschee ist im 15. Jahrhundert eine ganze Reihe von islamischen Gebetshäusern erbaut worden, z. B. die Tschin-, die Molla-Ahmed- und die Hidir-Moschee. Ihre Innenräume sind mit Ausnahme des Mihrabs völlig schmucklos, ebenso wie das Äußere. Außer dem Eingang und einigen dicht vergitterten kleinen Fenstern wurden die Wandflächen nur durch ein oder zwei Steintafeln belebt.

Baku, der Palast der Schahs

Der Palastkomplex am Westrand der Altstadt auf dem mittleren Hügel der heutigen Stadt stammt aus dem 15. Jahrhundert. Er wird von einer hohen, geschlossenen Mauer umgeben, die nur von zwei kleinen und zwei großen Toren durchbrochen ist. Diese mit Schießscharten versehene, auch militärischen Zwecken dienende Mauer wurde erst im 19. Jahrhundert errichtet und verläuft nicht entlang der ursprünglichen Grenzen. Alte Zeichnungen zeigen, daß der Palast anfangs von dicht bebauten Straßen umgeben war und frei inmitten der Gassen und breiteren Straßen stand.

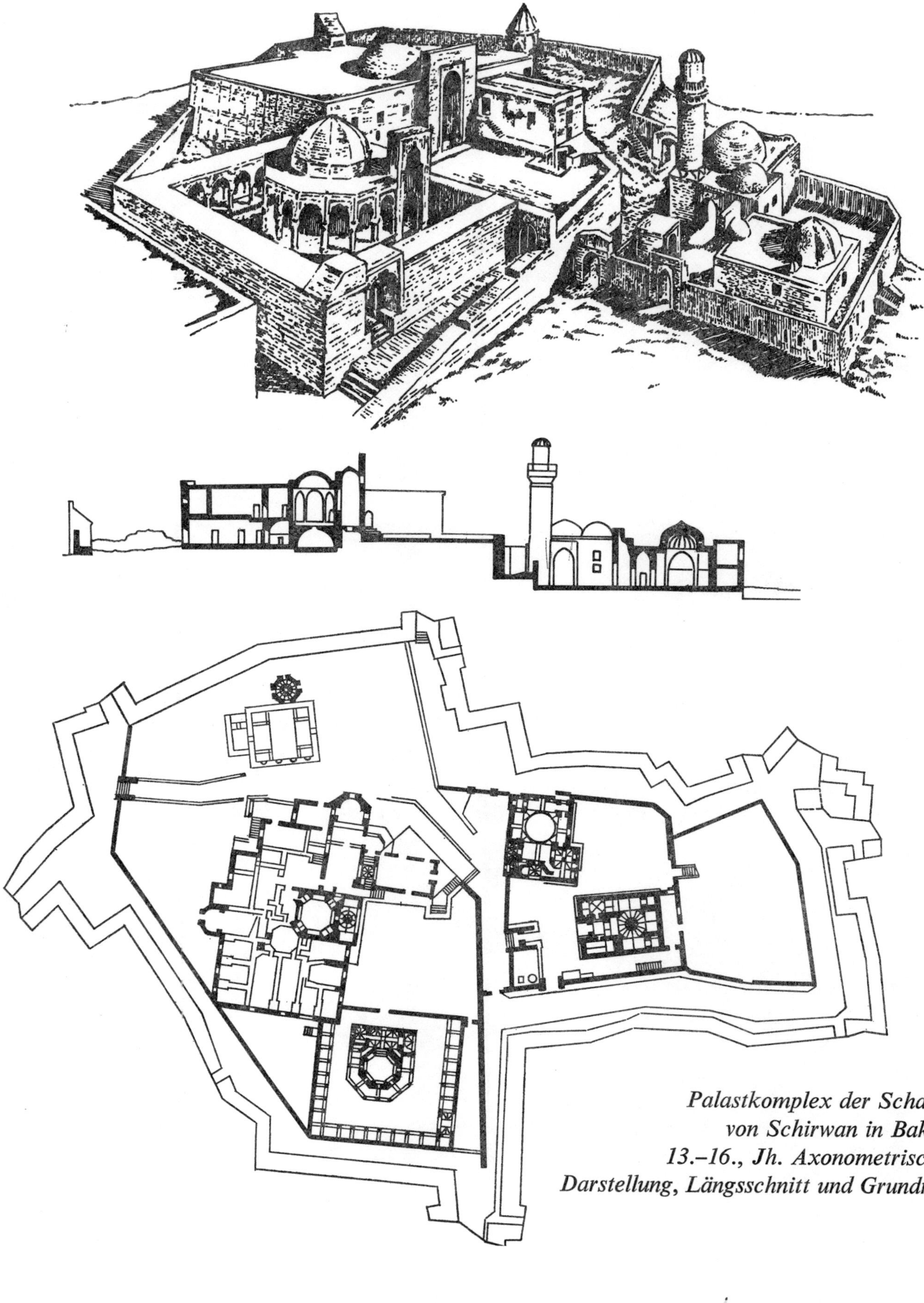

Palastkomplex der Schahs von Schirwan in Baku. 13.–16., Jh. Axonometrische Darstellung, Längsschnitt und Grundriß

Der Palastkomplex nimmt drei Ebenen ein. Auf der obersten steht der Palast des Schahs, der Divan-hane, der vom Innenhof noch durch eine besondere Mauer getrennt ist, und das Mausoleum des Hofastronomen Said Jachja Bakuwi mit den Ruinen der dazugehörigen kleinen Moschee. Im zweiten Hof befinden sich die Grabstätte der Schahs, eine Moschee und ein Minarett. Im dritten, untersten Hof liegen das Bad und die Wasserzisterne.
Heute kann man den Palast durch vier Tore betreten. Ein kleineres Tor führt unmittelbar in den Divan-hane, ein anderes in den Hof vor dem Hauptportal. Durch das dritte, größere und verziertere Tor gelangt man zur Moschee und zur Grabstätte der Schahs. Das vierte sperrt die kleine Gasse zwischen Palast und Moschee ab, die im Mittelalter auch für den städtischen Verkehr offen stand. Die drei Höfe sind durch mehrere Gänge und Treppen miteinander verbunden.
Der Gebäudekomplex wurde 1920 restauriert. Die in späteren Jahrhunderten angebauten Teile hat man entfernt. Heute steht der Palast unter Denkmalschutz. Im Museum ist eine baugeschichtliche Ausstellung mit Kunstdenkmälern aus Baku und anderen Teilen Aserbaidschans untergebracht. Hier werden z. B. auch die Steintafeln von Bajilow aufbewahrt.
Der Hof der obersten Ebene war zum größten Teil mit Steinplatten ausgelegt, die kleinen Bassins, Blumenbeete und Springbrunnen versetzen in die Welt der orientalischen Märchen. Der Hof wird auf der einen Seite durch die Südfassade abgegrenzt, auf der anderen Seite von den Mauern des Divan-hane, eines später erbauten Gebäudes. Von hier bietet sich ein schöner Ausblick auf die ganze Stadt und das Meer.
Alle Gebäude des Komplexes sind aus großen, grauen, gemeißelten Steinen erbaut. Die völlig glatten Steinmauern verzieren an manchen Stellen wunderbar reiche Steinmetzarbeiten.
Der Palast des Schahs ist zweigeschossig und wurde im 15. Jahrhundert errichtet. Seine Mauern sind glatt und schmucklos. Das Portal ist auffallend groß, die kleinen unregelmäßig angeordneten Fenster verschwinden gleichsam neben ihm. Der Grundriß des Erdgeschosses und des ersten Stockwerkes stimmen überein. In beiden Geschossen liegen je fünfundzwanzig Räume, zum größten Teil kleine Zimmer. Im Zentrum befindet sich ein achteckiger Saal, der ursprünglich eine Kuppeldecke hatte. Dieser Kuppelsaal bildet den Kern des Gebäudes, die anderen Teile wurden später dazugebaut. Eine achteckige Vorhalle schließt sich dem Kuppelsaal an. Hierher führte eine leider zerstörte Haupttreppe. Bei der Restaurierung wurde in das ganze Gebäude eine flache Eisenbetondecke eingezogen, dadurch verschwand aber die Kuppel.

Scheki, farbiges Glasfenster aus dem Khan-Palast. 1797

Wandschmuck. Stickerei auf Filz mit Perlenschnur und kleinen runden Metallplättchen. Gandscha. 19. Jh.

Wollener Gebetsteppich aus Baku. 18. Jh.

Südkaukasischer Teppich. Kuba-Bezirk. 19. Jh.

Divan-hane ist eigentlich ein eigentümlicher kleiner Hof, der von hohen Mauern umgeben ist. Entlang der Mauern führt eine seitlich überdachte Arkadenreihe — ähnlich dem Kreuzgang der mittelalterlichen Klöster. In der Mitte des kleinen Hofes steht ein achteckiges Kuppelgebäude. Der Haupteingang des Gebäudes liegt im Westen. Dieses Portal mit wunderbaren Schnitzereien, edlen Proportionen, schönen Arabesken, einem prächtigen Stalaktitengewölbe und der Vielfalt feiner Spitzengirlanden ist ein Meisterwerk der aserbaidschanischen Steinmetzkunst.
Um den kleinen Kuppelraum in der Mitte des Hofes verläuft eine Säulengalerie. Das zentrale Gebäude ist eine meisterhafte architektonische Schöpfung. Es besteht aus unterschiedlich gestalteten Räumen für verschiedene Zwecke, deren proportionelle und harmonische Verbindung äußerst gelungen ist. Die Säulen und Arkaden des Divan-hane sind genauso gestaltet wie die der Hofgalerie.
Die Funktion des Divan-hane ist bis heute nicht geklärt. Es gibt viele Hypothesen und Legenden. Der Name weist darauf hin, daß es vielleicht der Gerichtsplatz gewesen ist. Möglicherweise tagte das Gericht im mittleren Raum und führte hier die Verhandlungen. Unter dem Raum befindet sich eine halb in den Boden eingelassene Kammer. Vielleicht hat hier der Angeklagte warten müssen. Provisorische Gefängnisse können auch die Keller an der einen Hofseite gewesen sein. Die Zeugen haben vielleicht auf den Seitengalerien gewartet. Nach anderen Annahmen diente Divan-hane vor allem Repräsentationszwecken, hier wurden die Gesandten empfangen und Beratungen abgehalten. Bei dieser Vermutung hält man den Keller für die Schatzkammer und die Hofgalerie für den Platz der Wache. Neuerdings tauchte die Version auf, daß der mittlere Raum ein Mausoleum und der kleinere Raum darunter die Gruft gewesen sind. Dies könnte durch den Koranspruch über dem obersten Streifen des Hauptportals untermauert werden. Die Übersetzung der Inschrift lautet: „Allah führt alle Völker der Welt auf dem wahren Wege. Er ist gut und großherzig zu den Gerechten. Ihr Auge wird der Staub nicht trüben, und sie werden nicht vernichtet, denn sie werden ewig und immerdar die Bewohner des Paradieses sein.“
Viele sind der Meinung, daß einzig die Schah-i-Sinda-Nekropole von Samarkand mit dem Divan-hane konkurrieren könne; dort beeindruckt der wunderbare Kachelschmuck, hier die organische Komposition sowie die Vollkommenheit und Feinheit der Steinmetzarbeiten. Die Ornamentik des Gebäudes verrät unerschöpfliche Phantasie und ursprüngliches Talent. Wer den Divan gesehen hat, versteht, warum die Bakuer Steinmetzen so berühmt waren.

Die Bauzeit des Divan-hane konnte bis jetzt nicht genau bestimmt werden. Man nimmt an, daß er im 15. Jahrhundert unter der Herrschaft des Schahs Farruch-Jessar erbaut wurde. Die Bauarbeiten müssen jedoch von Kriegsereignissen unterbrochen worden sein, denn einige Details sind bis heute unvollendet.
Im folgenden kleinen Hof befinden sich die Moschee und die Grabstätte des Schahs. Die streng und einfach komponierte Moschee wurde Anfang des 15. Jahrhunderts errichtet. Ihre Fassaden sind völlig schmucklos, nur die Mauer des Minaretts wird durch einige Koransprüche belebt. Das Innere wird bis zu einem gewissen Grad durch die proportionale Kuppel und das schöne Steingitter der Fenster ausgeglichen. Das düstere Mihrab ist durch ein niedriges Steingeländer vom Gebetssaal getrennt. Der schlanke Bau des Minaretts entstand im Jahre 1441. Die den Steinerker haltenden Stalaktitenkonsolen und die fein eingravierte Inschrift darunter zeugen ebenfalls von einer hohen Steinmetzkunst.
Die Grabstätte des Schahs ähnelt sehr der Moschee, sowohl im Grundriß als auch in der Konstruktion und in der Einfachheit der Anlage. Der längliche Gebäudeblock wird durch ein geschnitztes Tor betont. Seine Gliederung entspricht dem imposanten Portal des Divan-hane. Das Stalaktitengewölbe der Halbkuppel der tief hineinragenden Tornische stützt sich auf einen einfachen Türrahmen. Zu beiden Seiten des Portals ist die Mauer mit reicher Pflanzenornamentik verziert, die um eine imaginäre Symmetrieachse verläuft. Blumen bedecken sogar die beiden tropfenförmigen Ornamente, dazwischen sind auch Schriftzeichen eingemeißelt. Im oberen Portalsturz steht in einem Blumengewinde der Name Alis, des Begründers der schiitischen Bewegung. Im Gegensatz zum Portal des Divan-hane kennzeichnet den Pflanzenschmuck der Türbe ein Streben nach Realität. Damit bildet die Türbe ein einzigartiges Denkmal in der Kunst des Islams.
Der zentrale Kuppelsaal ist von gewölbten Nischen und in den Ecken von kleineren Dienstkammern umgeben. Die Innenraumgestaltung entspricht streng den Traditionen der mittelalterlichen aserbaidschanischen Baukunst, wobei bereits bewährte Kompositionsformen weiterentwickelt und vervollkommnet wurden.
Im unteren Hof fand man Überreste eines Bades und einer Wasserzisterne. In Einteilung und Aufbau unterscheiden sie sich nicht von anderen mohammedanischen Bädern und Wasserzisternen. Das verhältnismäßig große Tor führt in die Vorhalle des Bades, von hier betreten wir die Umkleideräume. Der Weg führt durch Waschnischen in das eigentliche Bad, d. h. in einen hohen zentralen Kuppelsaal, an den sich Nischen mit kleinen Bassins anschlossen.

Die Zisterne war eines der größten Wassersammelbecken der Stadt. Das unterirdische Becken wurde durch vertikale Schächte ständig gelüftet. Das Wasser wurde aus einer entfernten Wassersammelstelle über Gräben in die Zisterne geleitet. Von der technischen Anlage berichteten zahlreiche ausländische Reisende mit aufrichtiger Bewunderung.

Neben der Moschee erbaute man im 15. Jahrhundert das Mausoleum des gelehrten Hofastronomen Sdid Jachja Bakuwi, heute wird es Mausoleum des Derwischs genannt. Über einem schlichten Turm auf einem achteckigen Sockel wölbt sich ein Zeltdach. Das Gebäude ist ein vollkommenes, edles Werk, dessen Dynamik durch den rhythmischen Wechsel von Farben und Maßen zustande kommt. Die sorgfältig bearbeiteten, sparsam angewandten Details, die feinen Steingitter der Fenster und der Girlandenschmuck auf der inneren Kuppeloberfläche bestechen durch ihre Eleganz. Ein weiteres Charakteristikum des Mausoleums ist, daß alle vertikalen und horizontalen Linien konvergieren und dadurch die Raumwirkung erhöhen. Der Einfluß des Derwisch-Mausoleums auf die Architektur kann in mehreren Orten, so z. B. in Schemacha und auch in Hazra beobachtet werden.

Das große Ostportal im obersten Hof ist der jüngste Teil des Gebäudekomplexes. Wie seine Inschrift aussagt, wurde es 1585 während der kurzen türkischen Besatzungszeit von dem Baumeister Ulu Radscha-baba aus Baku erbaut. Im System und in der Einteilung ist es eine Wiederholung des Tores am Divan-hane und der Türbe. Die Details jedoch weichen voneinander ab. Dies ist wahrscheinlich durch die verschiedenen Künstler bedingt, Ursache kann aber auch eine verschiedenartige Funktion der Tore gewesen sein. Die beiden älteren Tore sind ja Eingangstüren zu einem Gebäude, durch das Ostportal aber gelangt man in einen Hof, es mußte also auch der Wagenverkehr berücksichtigt werden, deshalb ist es breiter. Die größere Breite machte eine größere Höhe erforderlich.

Von den Architekten des Palastes kennen wir nur den Meister des Ostportals und der Türbe. Meister Amirschah aus Täbris hat seinen Namen zwischen den Verzierungen angebracht. Es kam nur selten vor, daß man einen Architekten oder Steinmetzen aus einer anderen Stadt mit dem Bau eines so wichtigen Objektes beauftragte. Der Grund, warum in diesem Fall Amirschah aus Täbris den Auftrag erhielt, ist uns nicht bekannt. Das Ostportal zeigt in seiner Formgebung und Ornamentik sowohl südliche als auch nördliche Merkmale und beweist damit von neuem den engen künstlerischen Kontakt zwischen den verschiedenen Landesteilen. Doch ist der Palast der Schahs auch ein Beispiel für noch weitergehende Beziehungen. Denken wir an die Analogie zwischen dem

Marmorportal der Bibi-Chanym-Moschee in Samarkand und den Toren des Palastes in Baku. Dies ist kein Zufall, denn am Bau der Bibi-Chanym-Moschee hat auch der berühmte aserbaidschanische Steinmetzmeister Scheref-ad-Din mitgewirkt, von dem man annimmt, daß er in Schirwan oder in Baku geboren wurde.
Geometrische Formen, Einfachheit und eine logische, rationale Komposition charakterisieren diesen Palast. Der Effekt erhöht sich durch die meisterhafte Bearbeitung der Steine. Die fein ausgebildeten, äußerst abwechslungsreichen Steinmetzarbeiten stellen einen vollkommen neuen Stil dar.

Nardaran, Sommerresidenz der Schahs

Die Verlegung der Schah-Residenz von Schirwan nach Baku wirkte sich im 15. Jahrhundert nicht nur auf die Entwicklung der Stadt, sondern auf die ganze Halbinsel Apscheron aus. Die Burgen verloren allmählich an Bedeutung. In der Nähe der Burg von Nardaran wurde Mitte des 15. Jahrhunderts die Tuba-Schah-Moschee errichtet. Auch der Baustil änderte sich.
Der Sommersitz liegt im nördlichen Teil von Nardaran, etwa zwei Kilometer vom Meer entfernt. Den quadratischen Kubus der Residenz umgeben nur einige kleinere Gebäude für die Dienerschaft, ein Wasserbecken und zwei Brunnen. Seine dem Meer zugewandte Fassade ist von einem mächtigen Tor durchbrochen. Der stark hervorspringende Torrahmen betont das einfache Hauptgesims.
An den vier Seiten des Palastes wurden mehrere längliche Fenster angebracht. Den Block krönt die hohe Kuppel des Mittelsaals, sie hat große Ähnlichkeit mit der Kuppel der Moschee im Palastbezirk in Baku.
Das Innere des Gebäudes ist streng symmetrisch angeordnet. Interessant ist, daß man vom Eingangstor direkt in den großen Saal kommt und so die Innenräume mit dem Garten verbunden sind. An den quadratischen, zentralen Kuppelsaal schließen sich von allen Seiten große gewölbte Nischen an, wodurch der Grundriß einem griechischen Kreuz gleicht. Außerdem gibt es nur noch vier kleinere Eckzimmer. Die zwei südlichen Zimmer werden von achteckigen Kuppeln, die zwei nördlichen von einer Rundkuppel auf einem einfachen Gesims überdeckt.
Der Effekt wird durch die gewählten Proportionen und die meisterhafte Konstruktion bewirkt. Der schlichte Stil ohne jede Verzierung lehnt sich in großen Zügen an den Palast

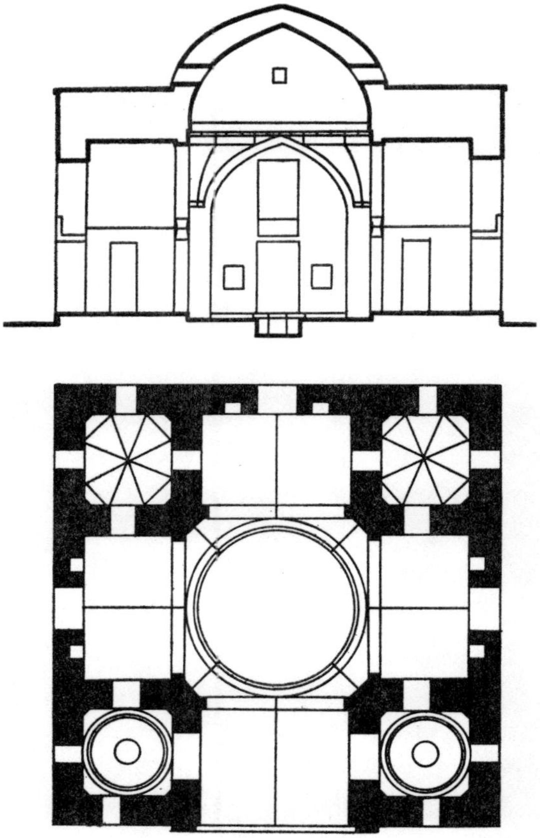

Sommerresidenz der Schahs von Nardaran. 15. Jh., Querschnitt und Grundriß

in Baku an. Die Verbindung der Innenräume mit der Natur macht das Gebäude zu einem Spätwerk der sassanidischen Hofbauten. Deshalb hat man früher auch den Sommerpalast in das 13. bis 14. Jahrhundert datiert. Heute wissen wir, daß die historischen Verhältnisse den Bau in jener Zeit nicht gestattet hätten.

Mardakjan, Schah-Tuba-Moschee

Die außerhalb der Stadt Mardakjan gelegene Schah-Tuba-Moschee ist eine besondere Sehenswürdigkeit durch ihre Form und den kennzeichnenden Stil. Sie gehört zum nördlichen Moscheentyp, für den eine einfache Konstruktion, eine klare Raumgliederung und eine dementsprechende Gliederung der Fassaden charakteristisch ist.
Die Schönheit der Fassade wird von dem Gegensatz zwischen der glatten, sorgfältig bearbeiteten, einfachen, grauen Steinmauer und dem kompliziert detaillierten Schmuck der Fenstergitter bewirkt. Die Mauern werden von einem einfachen Doppelgesims abgeschlossen. Das Portal ist das betonteste Element der Fassade, das von einem Bandornament mit den üblichen Motiven der Bakuer Architekturschule aus dem 15. Jahrhundert eingerahmt wird. Das Stalaktitengewölbe, die Schnitzereien, die Tympana und die sechszackige Rosette über dem Tor mit der sich sechsmal wiederholenden Inschrift „Ali“ sind eine Imitation vom Portal des Palastes in Baku.
Das Innere des Gebäudes ist ein zentraler Gebetssaal, dessen Grundriß ein griechisches Kreuz bildet. Die übliche Lösung wird bis zu einem gewissen Grad dadurch abgewandelt, daß der Eingang auf der Seite liegt und man durch einen Eckraum in den Gebetssaal gelangt. Dieser hat eine Halbkugelkuppel, die von dem darunterliegenden Tambour betont wird. Das Opeion verleiht der Kuppelstruktur eine gewisse Leichtigkeit. An den

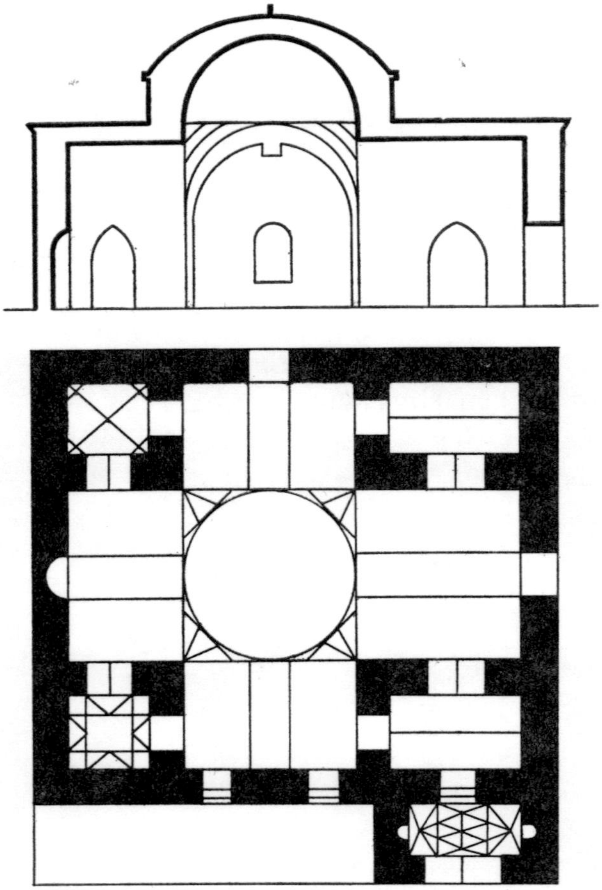

Die Schah-Tuba-Moschee in Mardakjan. 15. Jh., Querschnitt und Grundriß

Kuppelraum schließen sich vier Nischen an, von denen die beiden nördlichen von einem Tonnengewölbe, die beiden südlichen von einer Kuppel überdeckt sind. Eine der südlichen Kuppeln ist eine sehr kompliziert konstruierte Sternkuppel. Das Mihrab befindet sich in der südlichen Fassadenmauer. Die kannelierte Halbkugel stützt sich auf einen schmalen Tambour.

Der Bau der Moschee wurde — wie auf einer Steintafel vermerkt — 1483 beendet, der Auftraggeber war Schah Tuba. Am Aufgang der zum Dach führenden Wendeltreppe sagt eine viel spätere Aufschrift aus, daß die Moschee 1372 von Hodscha Nur-ad-din ibn, Hadschi Baba-ad-din und Adajiba ibn Machmud erbaut worden ist. Diese Tafel war einst an einer älteren Mauer befestigt. Dies ist ein Beweis dafür, daß die Schah-Tuba-Moschee auf einer älteren erbaut wurde.

Bäder

In Aserbaidschan sind zahlreiche mohammedanische Ritualbäder erhalten geblieben, die sich vor allem durch ihre rationale Konstruktion auszeichnen. Die Einteilung und Struktur blieb jahrhundertelang unverändert. Den Kern des Gebäudes bildete immer der große Bassinraum, um den sich mehrere kleine Bassins gruppierten, daran schlossen sich die Ruhe- und Ankleideräume an. Der große Bassinraum und jedes kleine Bassin waren von einer Kuppel überwölbt, das logisch ausgebildete Raumsystem wurde durch technisch hervorragend konstruierte Wasserleitungs- und Heizsysteme ergänzt. Ebenso wie bei den Römern waren die türkischen Bäder wichtige Zentren gesellschaftlicher Kontakte.

Das kleine Kasimobeka in Baku oder das aus einem Raum bestehende Hadschi-Haman-Bad in Nardaran aus dem 15. Jahrhundert, das Scheich-Kasim-Bad in Nardakjan, das Hadschi-Kurban-Bad in Lenkoran, die türkischen Dorfbäder in Baskal aus dem 17. Jahr-

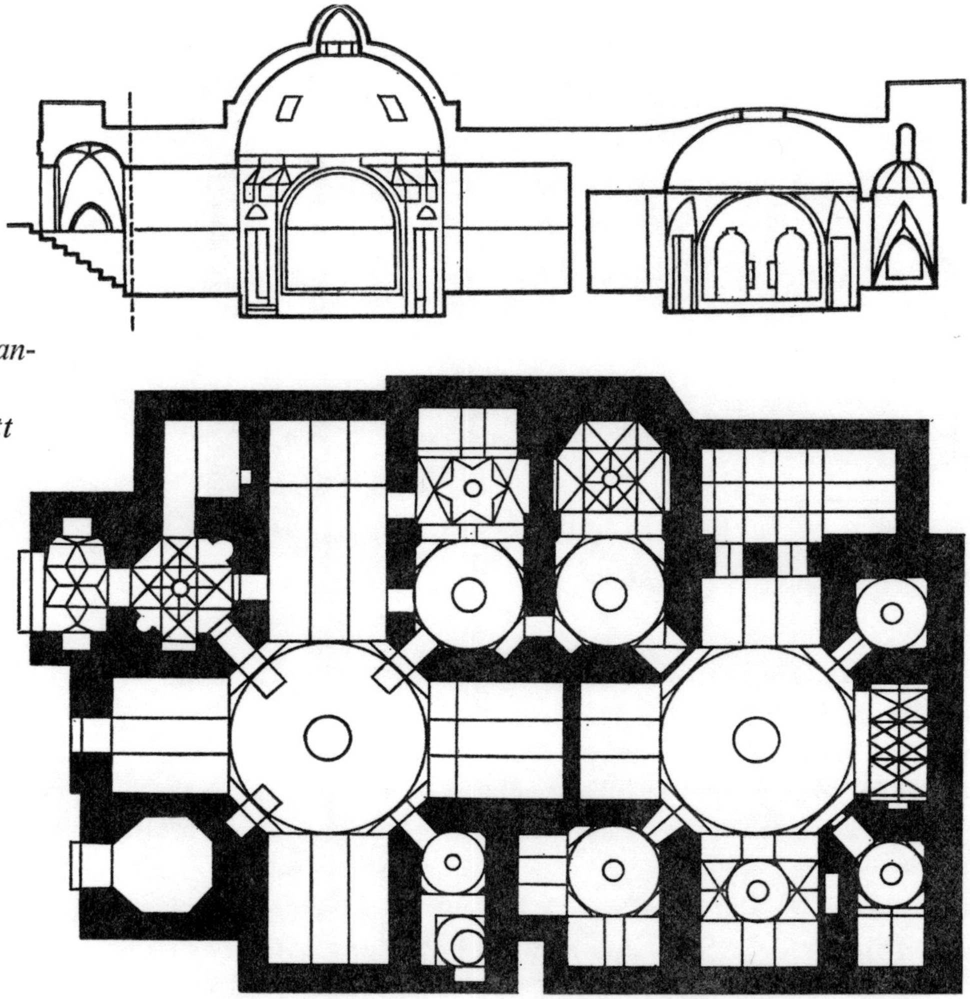

Das Hadschi-Haman-Bad in Baku. 15. Jh., Querschnitt und Grundriß

hundert und viele andere Gebäude, die als Bad genutzt wurden, zeigen in ihrer Gestaltung mehr oder weniger nationale und lokale Abweichungen, die vor allem in den Proportionen und in der Ausschmückung zum Ausdruck kommen.

Kirowabad, Imamsade- oder Gej-Imam-Mausoleum

Die alte Stadt Gandscha, die heute nur noch aus Ruinen besteht, liegt 7 Kilometer von Kirowabad entfernt. Im Norden der Stadt stand das Imamsade- oder Gej-Imam-Mausoleum. Der Name Imamsade verweist auf die Grabstätte der Nachfahren Alis, da nur sie den Titel Imam trugen. Als man das Mausoleum 1878/79 restaurierte, wurde eine Tafel angebracht, die besagt, daß das Grabmal über dem Grab des Imams Mohammed Bagira ibn Ibrahim erbaut wurde, der im 8. Jahrhundert gestorben ist. Das Wort Gej bedeutet blau und hängt mit der Farbe der Kuppel zusammen. Das Mausoleum war einst Teil

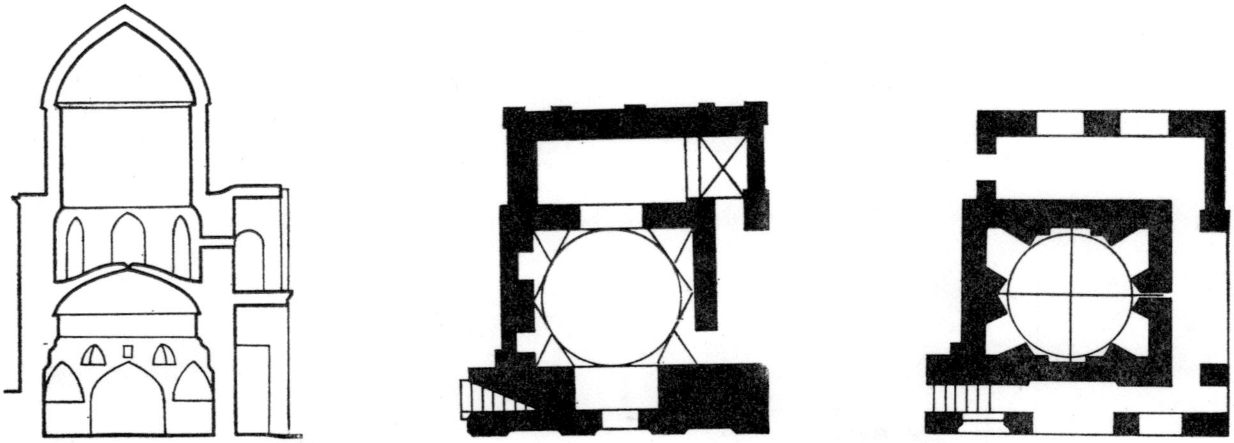

Das Mausoleum des kultischen Bezirkes in Kirowabad. 17. Jh., Querschnitt und Grundriß der zwei Geschosse

eines kultischen Zentrums. Die Gebäude waren von einer Mauer mit befestigten Toren umgeben. Innerhalb der Mauer gruppierten sich Moscheen, Grabmäler und andere Bauwerke um das Mausoleum.

Das Mausoleum wurde oft umgebaut und erneuert. Deshalb ist es sehr schwer, den genauen Zeitpunkt seiner Entstehung und der einzelnen Rekonstruktionen zu bestimmen. Die erwähnte Tafel ist kein authentischer Anhaltspunkt, denn im muselmanischen Kalifat wurden im 8. Jahrhundert noch keine Grabmäler errichtet; die ersten entstanden im 9. Jahrhundert für Staatsmänner mit höchstem Rang. Die Erben des Imams jedoch gehörten nicht zu ihnen. Das schließt natürlich nicht aus, daß die hier bestattete Person im 8. Jahrhundert gelebt hat.

Den Mittelpunkt des Mausoleums bildet ein Turm aus dem 14. bis 15. Jahrhundert, das beweisen auch Fotos aus der Zeit vor der Restaurierung. Dank dieser Bilder wissen wir, daß die Kuppel und der Tambour bei den Restaurierungsarbeiten vollkommen verstümmelt wurden. Auf den Aufnahmen ist deutlich zu sehen, daß die Kuppel eine im 14./15. Jahrhundert in Mittelasien verbreitete und beliebte Baukonstruktion gewesen ist. Auch die kufische Inschrift auf den emaillierten Platten, die angeblich den Anstoß zum Umbau der Kuppel gab, ist gut lesbar. Die Restaurierung wurde nämlich von dem gläubigen Mohammedaner Jadigarsade geleitet, und da er mit dem Inhalt der Inschrift nicht einverstanden war, ließ er die ganze Kuppel niederreißen und neu aufbauen.

Die zweigeschossigen Arkaden, die das Mausoleum von drei Seiten umgeben, und das Ostportal sind zweifellos im 17. Jahrhundert entstanden. Davon zeugt die Gliederung der Bögen.

Wollener Gebetsteppich. Schirwan, aus der Gegend von Kobistan. Ende 19. Jh.

Teppich aus Täbris mit einer Szene aus einem Werk von Nisami.
Südaserbaidschan. Anfang 20. Jh.

Die Imamsade-Moschee in Barda. 17.–19. Jh., Grundriß

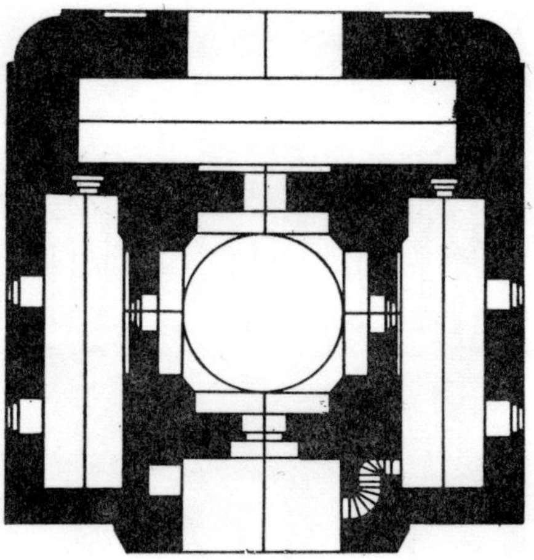

Kirowabad, Dschuma-Moschee

Die Dschuma-Moschee in Kirowabad steht in der Mitte eines geschlossenen Hofes. Rechts und links des Portals ist je ein Minarett angeschlossen. Eine Steintafel trägt die Aufschrift „Kilidi Schamacha 1606". Der Moscheekomplex ist demnach Anfang des 17. Jahrhunderts entstanden, als die Einwohner von Gandscha in die neue Stadt übersiedelten.
Baumeister der Moschee war der im Orient überall bekannte Meister Scheich-Baga-Udin. Der Grundriß des Gebäudes ist zentral. An den vier Seiten des Gebetssaals befinden sich je eine Nische. Die tiefe Nische des Mihrabs liegt auf der Südseite gegenüber dem Haupteingang. Auch auf der Ost- und der Westseite befindet sich je ein kleines Tor. Die Besonderheit der Moschee besteht darin, daß die Räume durch ungewöhnlich große offene Bögen verbunden sind, wodurch die Monumentalität des mächtigen Gebetssaals betont wird. Die Fenster waren 1799/1800 mit Pflanzenornamenten geschmückt. Nach den Aufzeichnungen des kaukasischen Kalenders wurde die Moschee zuletzt 1885 erneuert, gleich nachdem sie von dem Karabacher Khan zerstört worden war. Man nimmt an, daß damals auch das Spiegelmihrab entstanden ist.

Barda, Imamsade-Moschee

Das älteste Gebäude von Barda, der alten Hauptstadt, ist die Imamsade-Moschee. Sie muß ursprünglich als Mausoleum gebaut worden sein, weil ihr Mihrab farbig ausgemalt ist. 1868 wurde neben dem Mausoleum eine Moschee errichtet. Die Mohammedaner bauten häufig einen Tempel am Grab eines Heiligen, und nach einem solchen Umbau entstand oft etwas völlig Neues. So war es auch bei dem Mausoleum von Barda.
Das aus Ziegeln und Steinen gemauerte Grabmal hat eine interessante Raumwirkung.

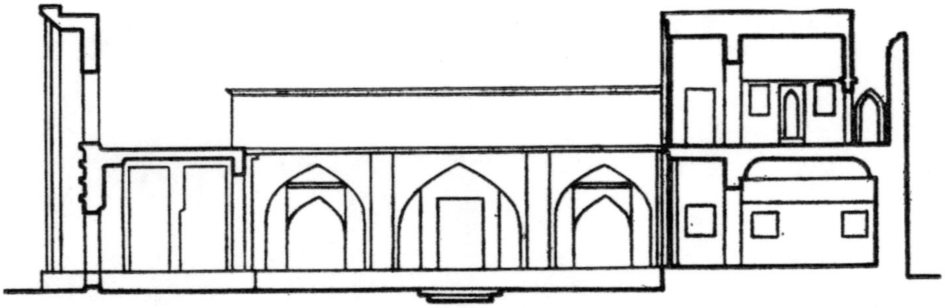

Die Medrese in Ordubad. 17. Jh., Grundriß

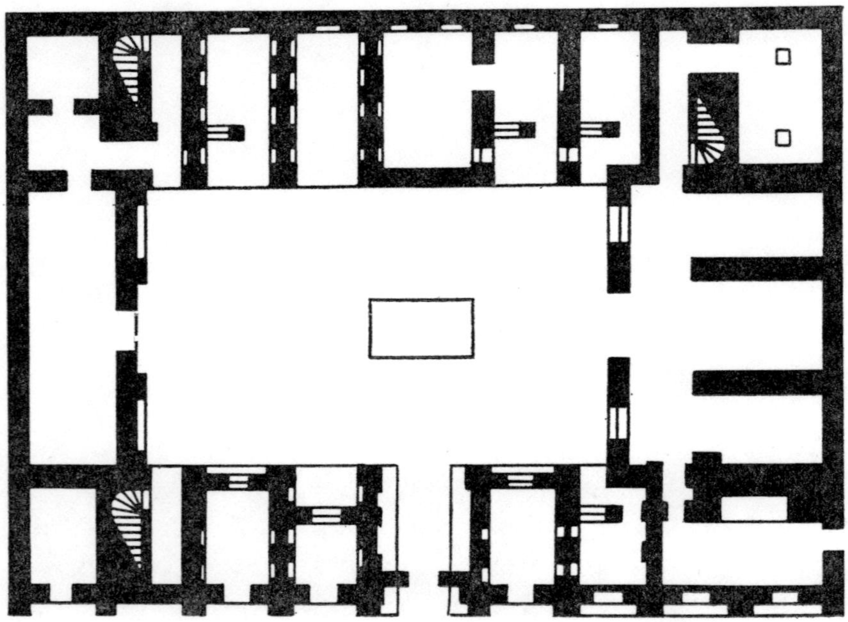

Es schließt an allen vier Ecken mit einem Minarett ab. Die Ausbildung der Ziegelreihen, das konventionelle Rahmenwerk, die Profile, das Bandwerk, die Friese und andere Ornamente lehnen sich an die Traditionen des Mu'mine-Chatun-Mausoleums in Nachitschewan, des 1322 erbauten Mausoleums in Barda und vieler anderer älterer Gebäude an.

Ordubad, Medrese

Die Medrese in Ordubad ist die einzige erhalten gebliebene auf aserbaidschanischem Gebiet. In dieser Gegend begann man im 12. Jahrhundert Priesterseminare zu bauen. Diese Institutionen wurden unmittelbar neben der Moschee errichtet und haben manchmal auch die Funktion einer „Freitagsmoschee" erfüllt. Zu der Dschuma-Moschee in Kirowabad und der Moschee in Schemacha gehörten früher auch Medresen.

Die Medrese von Ordubad war im 17. Jahrhundert eines der wichtigsten wissenschaftlichen Zentren Transkaukasiens. Ihr Grundriß lehnt sich an die traditionelle Einteilung der Gebäude an. Um den geschlossenen viereckigen Hof reihen sich ein-, manchmal zweistöckige Zellen. Das große Eingangstor befindet sich in der nördlichen Hauptfassade. Das wichtigste Merkmal des Gebäudes ist der Gegensatz zwischen dem Torblock und dem Zellentrakt. Das Ganze ist streng ausgeführt und völlig schmucklos.
Die Zellen der Zöglinge, die „Hudschra-i tullab", waren kleine, gewölbte, fensterlose, dunkle Räume, die nur eine Bogentür zum Hof hatten. Im Obergeschoß wurden zwischen zwei, drei Zellen die Trennwände fortgelassen; diese Lösung ist auch oft bei den Karawansereien angewandt worden. Am Ende des Hofes befanden sich größere Unterrichtssäle.
Eine Steintafel erinnert an den umfassenden Wiederaufbau des ganzen Gebäudekomplexes im Jahre 1714. Die Bauten sind jedoch früher, wahrscheinlich in der ersten Hälfte des 17. Jahrhunderts, entstanden.

Baku, Karawanserei

In der Bakuer Altstadt steht südlich der Jungfernbastei in der Nähe der Handelsstraße eine zweigeschossige Karawanserei mit interessanter Konstruktion.
Sie besteht aus einem ein- oder zweigeschossigen Gebäudeflügel, der einen viereckigen Hof umgibt, so sind die Zimmer vor dem Lärm des Straßenverkehrs gut geschützt. Um so reger allerdings war die Geschäftigkeit in dem einzigen Hof. Jeder Ankömmling mußte ihn überqueren, denn hier lag der Eingang der fensterlosen Zellen im Erdgeschoß.

Die Karawanserei in Baku. 17. Jh., Längsschnitt

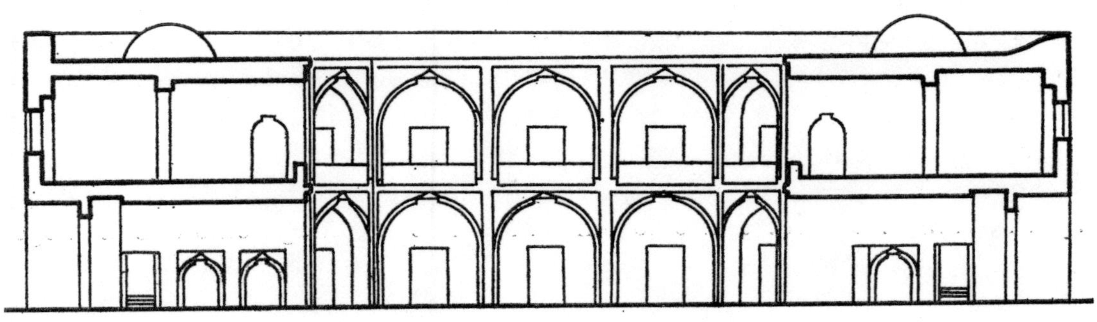

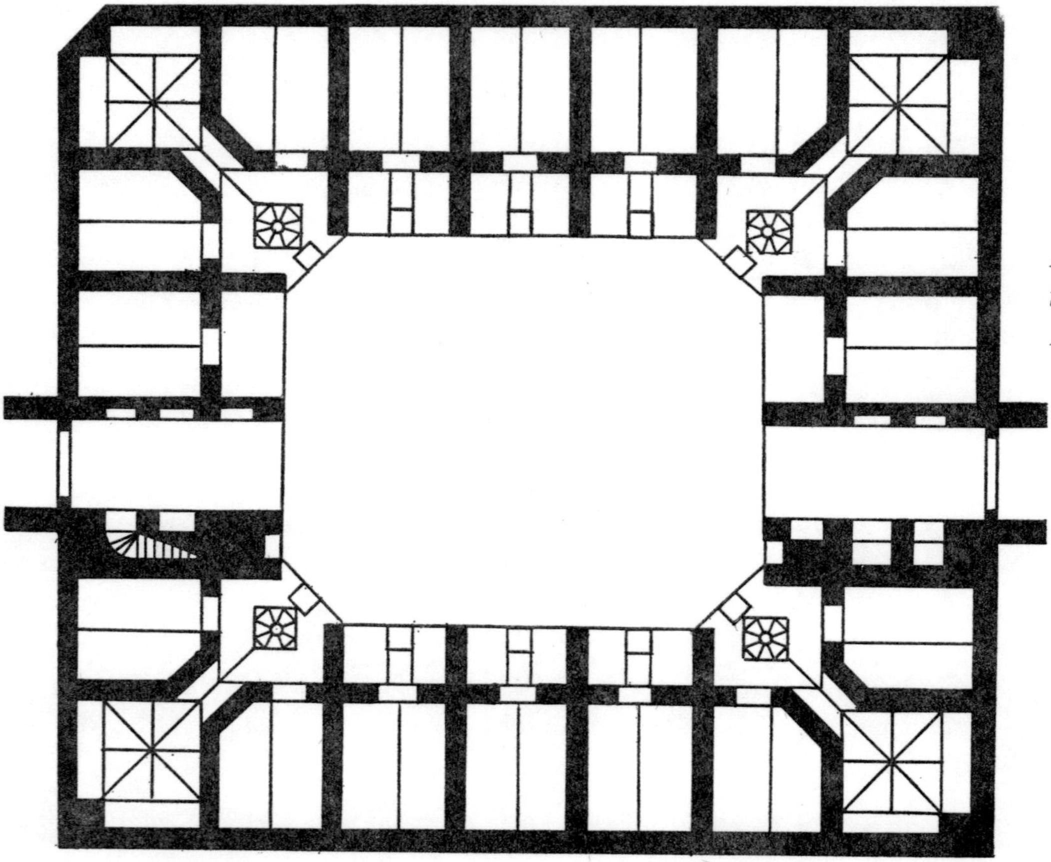

Die Karawanserei in Baku. 17. Jh., Grundriß

Die Karawanserei in Baku gewährte ihren Gästen mehr Ruhe als andere Herbergen. Ihre Gebäude umsäumen einen fast quadratischen, 24×27 Meter großen Hof, an zwei Seiten befindet sich je ein Tor. Die Zimmer liegen in zwei Stockwerken, die Räume im Erdgeschoß sind nicht unmittelbar vom Hof aus, sondern über einen Vorraum zu betreten. Der Vorraum ist von den Zimmern durch eine Mauer und eine verschließbare Tür getrennt. Im Obergeschoß betritt man die Zimmer von einem Korridor aus, die Fenster gehen auf die Straße. Die Bögen und Balustraden der nach dem Hof offenen Arkade vermitteln eine stimmungsvolle Atmosphäre.

Die Karawanserei besitzt noch eine Besonderheit, und zwar vier Eckzimmer, die einen doppelten Vorraum haben, der eine ist größer und quadratisch, er führt in drei Zimmer, der zweite ist eine Art Korridor, von dem man in das Eckzimmer gelangt. Die vier Eckzimmer waren viel ruhiger und isolierter als die anderen. Außerdem hatten sie Fenster nach zwei Seiten. Die Geschosse waren durch zwei Treppen verbunden. Unter ihnen lagen kleine Zellen. Diese Baukonstruktion der Karawanserei war bis zum 20. Jahrhundert üblich.

*Der Tempel der Feueranbeter
auf der Halbinsel Apscheron.
18. Jh., Grundriß*

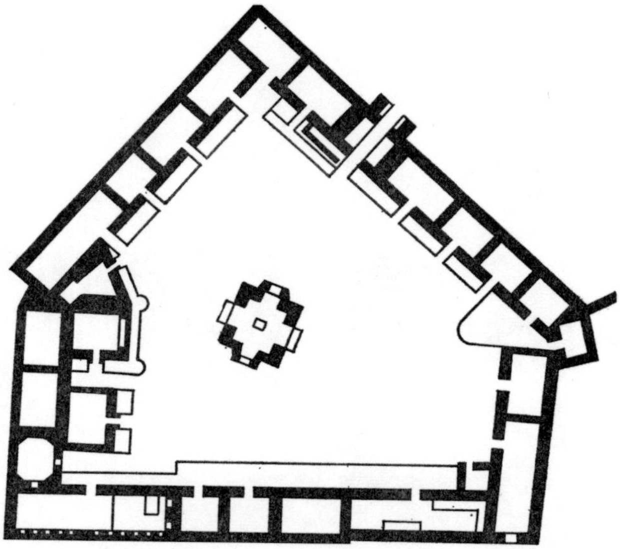

Der Tempel der Feueranbeter auf der Halbinsel Apscheron

Der Tempel der Feueranbeter, Ateschga, wurde in seiner heutigen Gestalt im 18. Jahrhundert nach alten Traditionen erbaut.
Die Wand erhielt im 18. und 19. Jahrhundert zwanzig Sanskrit-Inschriften. Die ältesten schriftlichen Denkmäler nennen das persische Heiligtum „Hebro". Ein wenig später — und von da an immer — erwähnt man indische Feueranbeter. Die Sanskrit-Steintafeln sind unwiderlegbare Belege für diese indischen Kontakte. Es ist möglich, daß der Tempel den Indern gehörte, die sich Anfang des 18. Jahrhunderts hier ansiedelten, doch ist nicht ausgeschlossen, daß er älter ist.
Die Gebäude sind um einen unregelmäßigen fünfeckigen Hof mit hohen Mauern angeordnet. Die zinnengekrönten Mauern sind an einigen Stellen von Schießscharten durchbrochen. Entlang der Mauer liegen die fensterlosen Zellen der Pilger. Die Größe der Zellen ist verschieden. Sie sind schmucklos, ihre einzige Einrichtung ist eine in die hintere Mauer eingefügte Pritsche. Neben dem Tor steht ein kleiner Turm, in dessen zweitem Stockwerk befindet sich ein etwas größerer und hellerer Raum. Er diente wahrscheinlich den vornehmen Gästen als Quartier.
Das Heiligtum erhebt sich in der Mitte des Hofes. Es ist ein quadratischer Pavillon mit einer kleinen Zwiebelkuppel. Die vier Ecken des offenen Pavillons, in die man Erdgas leitete und anzündete, trugen Schornsteine. Auch in der Mitte brannte ständig ein Feuer, die Heilige Flamme, der Anbetungsgegenstand der Pilger.

Scheki, Khan-Palast

Innerhalb der Burgmauern liegt in der Zitadelle der Palast der Khane von Scheki. Die meisten Trakte des zu verschiedenen Zeiten entstandenen Gebäudekomplexes sind zerstört, nur der Sommerpalast blieb erhalten.
Der Palast wurde 1797 unter der Herrschaft des Khans Muhammed Hassan errichtet.

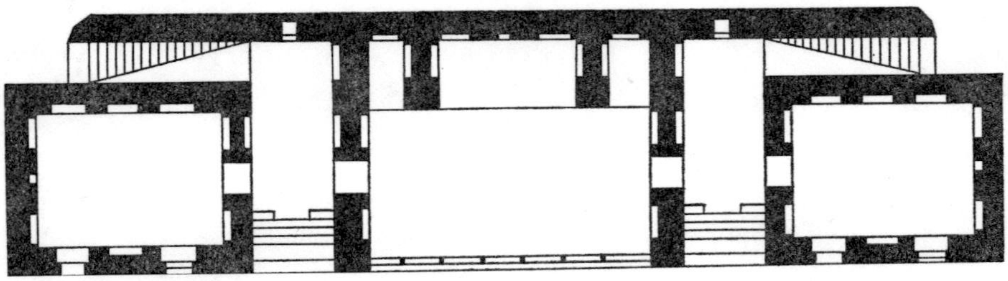

Scheki,
Palast der Khane
von Nucha.
18. Jh., Grundriß

Die beiden Stockwerke haben die gleiche Einteilung. Es folgen je drei große Säle aufeinander, dazwischen liegen jeweils zwei Vorzimmer. Die zwei Geschosse hatten jedoch verschiedene Funktionen, deshalb gab es auch keine direkte Verbindung zwischen ihnen. Im Erdgeschoß waren die offiziellen Räume, zu denen die Beamten und die einfachen Bittsteller Zutritt hatten. Das obere Stockwerk durften nur privilegierte Personen betreten: die Gäste des Khans und ihre Familienangehörigen, denn hier wohnte die Familie des Khans.

Die Hauptfassade des Palastes ist der Stadt zugewandt: eine getreue Widerspiegelung der inneren Gliederung des Gebäudes, die Fensterreihen und tiefen Bogennischen entsprechen den drei Sälen und den zwei Vorzimmern. Zwischen den dichten Mustern der Fenster fügen sich die farbigen geometrischen Glasplatten gut ein. Die Lisenen sind prachtvoll bemalt. Die Fenster und die Mauern bilden einen reichverzierten Hintergrund für die Bogennischen des Portals und die darüberliegenden Erker.

Besonders die Fresken der Innenräume sind beachtenswert. Alle Räume des Gebäudes sind mit Malereien, Schnitzereien und Intarsien bedeckt. Die Wandbilder sind zu verschiedenen Zeiten entstanden. Die wertvollsten befinden sich im großen Saal des Erd- und des Obergeschosses, sie werden ins 18. Jahrhundert datiert. Zwischen den geometrischen Motiven und der Pflanzenornamentik gibt es figurale Szenen. Die Fresken bedecken die ganzen Wandflächen. Die Darstellungen richten sich nach den Möglichkeiten, die die Wandflächen bieten. Ist die Fläche schmal und lang, wurde sie mit Pflanzen in Vasen, mit Blumen und Girlanden bedeckt. Ein wenig breitere Streifen wurden mit einem Vogel auf einem Zweig von Blumen umgeben, geschmückt. Zwischen der ersten und der zweiten Wandnische des großen Saals im Obergeschoß ist eine Jagdszene dargestellt. Die auf einem Gipsgrund mit Tempera gemalten Bilder sind sehr farbenprächtig. Fünf Künstler haben ihre Namen auf den bildlichen Darstellungen verewigt. Das älteste stammt vom Baumeister Abas-Kuli an der Decke des Saals im Obergeschoß, er hat interessanterweise seinen Namen zweimal geschrieben, einmal von rechts nach links und einmal von links nach rechts. Vielleicht war er auch der Architekt des Palastes. Zahlreiche Gemälde in den Sälen des Erdgeschosses wurden von Mirsa-Dschafar aus Schemacha 1895/96 gemalt. Im Obergeschoß war der Maler Usta Gambar aus Schuscha tätig. Sein Signum und die Jahreszahl 1902 sind oberhalb der Wandnische zu finden. In den einzelnen Zimmern des Obergeschosses haben die Meister Ali Kuli und Kurban Ali aus Schemacha gearbeitet.

Der Palast der Khane ist in der Epoche des Rückganges der Baukunst entstanden. Es ist trotzdem ein wertvolles Bauwerk, in dem die Kraft und der unerschöpfliche Reichtum der Traditionen der Volkskunst zur Geltung kommen.

Ordubad, Wohnhäuser

In Aserbaidschan sind viele spezielle Wohngebäudetypen entstanden. Die Wohnhäuser in der Stadt unterscheiden sich von denen auf dem Dorf, in der Niederung sehen sie anders aus als in der Berggegend. Die Fundamente sind aus Stein, darauf erheben sich Mauern von 60 bis 80 Zentimeter dicken Lehmziegeln. Für die Decke oder die kleine Kuppel verwandte man gebrannte Ziegel. In den Städten waren die Wohnhäuser oft zweigeschossig. Viele sind nur schmal, vier bis fünf Meter breit, dafür erstreckte sich das Gebäude in die Tiefe. Auffallend ist die Geschlossenheit der Häuser. Die Straßenfassade wird nur von dem betonten Eingangstor und einigen kleinen, unregelmäßig angebrachten Fenstern durchbrochen.

Zum Hof hin ändert sich das Bild. Eine freundliche, romantische Stimmung empfängt den Besucher, wunderschöne Schnitzereien, bemalte Türfüllungen, Gewölbe, Wandnischen, Loggien, Terrassen, schmiedeeiserne Torscharniere, Türklopfer, Klinken, ja selbst Nagelköpfe wurden verziert. Die Wände waren an vielen Orten mit Fresken geschmückt, und überall lagen Orientteppiche. Zwischen den schattenspendenden Bäumen des Hofes boten Blumenbeete, Springbrunnen, Wasserbassins und Lauben auch in der größten Hitze Erfrischung. Das Zentrum der Wohnung war immer das vieleckige Vorzimmer. Von hier aus gelangte man in alle Räume und in den Garten, eine Treppe führte zum ersten Stockwerk. Im Erdgeschoß lagen die Wirtschafts- und Empfangsräume, im Obergeschoß die Wohnzimmer.

Die Wohnhäuser im Dorf waren größer. Typisch für sie war ein unterirdischer Kuppel-

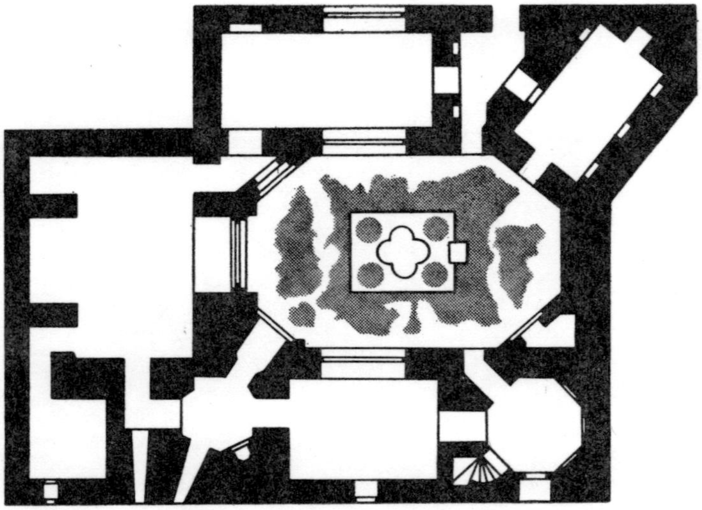

Ordubad, Wohnhaus. 19. Jh., Grundriß

raum, der meist auch mit einem Brunnen verbunden war. Hier hob man die Lebensmittel auf, und im Sommer war das der kühlste Raum.
Das Grundstück wurde stets von einer hohen massiven Lehmmauer umgeben, die nicht Verteidigungszwecken diente, sondern in der unerträglichen Sommerhitze wohltuenden Schatten spendete.
Die meisten und die typischsten Wohnhäuser sind in Ordubad erhalten geblieben. Die Stadt war Mitte des 19. Jahrhunderts eine bedeutende Siedlung. Zu dieser Zeit entstanden viele, noch heute stehende Wohnhäuser. Die Gebäude sind zweistöckig. Ihre Vorhalle, „Aiwan" genannt, ist ein ausgeschmückter, achteckiger überdachter Raum. Die Eingangstore sind mit Halbkuppeln geschmückt.

Baku in der Neuzeit

Anfang des 17. Jahrhunderts hat die Altstadt Bakus mit dem Palast der Schahs stark gelitten. Kriege hatten die Stadt entvölkert und ihre wichtigsten mittelalterlichen Gebäude zerstört.
Seit Mitte des 19. Jahrhunderts begann sich Baku schnell zu entwickeln. Das neue Stadtzentrum entstand an der Meeresküste und war so besser den Anforderungen von Handel und Verkehr gewachsen. Die Altstadt verlor ihre Bedeutung. Bei den Bauarbeiten umging man zwar die historischen Viertel, trotzdem fielen zahlreiche historisch wertvolle Gebäude der Spitzhacke zum Opfer.
In der zweiten Hälfte des 19. Jahrhunderts schossen in der auf 112 000 Einwohner angewachsenen Stadt die Mietskasernen aus dem Boden. Wie in den europäischen Großstädten imitierte man auch hier die historischen Stile. Das Standesamt ist z. B. im Stil der fran-

zösischen Gotik, das Gebäude der Philharmonie ist klassizistisch und der sogenannte Ismail-Palast im Stil der venezianischen Gotik erbaut.
In der ersten Periode des sozialistischen Städtebaus herrschte der Konstruktivismus. Aus dieser Zeit stammen die Intouristhotels an der Meeresküste und das Haus der Presse. Später traten die Volkstraditionen und die Formen der nationalen Architektur in den Vordergrund. Es wurden luxuriöse orientalische Gebäude errichtet, so z. B. der aus dem Stadtbild herausragende Regierungspalast, an dem einzelne Elemente zwar gekünstelt wirken, dessen Monumentalität aber überwältigend ist. Ähnliche Stilmerkmale trägt auch das Haus der Wissenschaft.
Zu den wertvollsten Werken der Architektur der fünfziger Jahre gehören das von Schulgin erbaute Kindertheater, das neue Observatorium und das neue Panoramakino in der Kirowstraße. Damals wurde auch auf dem höchsten Punkt der Stadt das Kirowdenkmal errichtet. Auf dem Gebiet der ehemaligen Schwarzen und Weißen Stadt erstrecken sich heute große Industriebezirke und neue Wohnviertel.

Die Goldschmiedekunst

Die aserbaidschanische Goldschmiedekunst blickt auf eine reiche Tradition zurück. Der älteste Schmuck stammt aus dem 1. Jahrtausend v. Chr. Die aus dem 10. bis 8. Jahrhundert v. Chr. stammenden Gegenstände: Gürtel, Knöpfe, Arm- und Fußreifen waren massiv und daher sehr schwer. Damals bearbeitete man bereits Silber und Gold. Die Formen und Motive zeigen georgischen und armenischen Einfluß, so z. B. der Armreif mit Widderkopf, der seinem Träger wahrscheinlich als Talisman gedient hat.
Berühmt waren auch die getriebenen Münzen. Schöne Stücke aus dem 1. Jahrtausend v. Chr. wurden z. B. bei den Ausgrabungen in Hodschal und Karabag gefunden. Aus dem 5. Jahrhundert v. Chr. stammt der berühmte Gürtel, auf dem zwei sich gegenüberstehende Pferde dargestellt sind. Darunter zieht sich ein Band mit geometrischen Mustern entlang. Die Pferde zeigen sassanidischen Einfluß, die geometrischen Motive und die dazwischen angeordneten zweihörnigen Tiere stammen von örtlichen Meistern.
In den Mingetschaurer Urnengräbern aus dem 1. Jahrhundert v. Chr. wurden schlangenköpfige Arm- und Fußreifen sowie viele silberne und goldene Ohrgehänge gefunden. Die halbmondförmigen, in der Mitte mit einem Stern verzierten goldenen und silbernen Ohrgehänge sind typisch für die aserbaidschanische Goldschmiedekunst.

Im 1. bis 8. Jahrhundert entstand die im Aserbaidschanischen Historischen Museum ausgestellte Goldkollektion aus Mingetschaur, deren Ohrgehänge, Spangen und andere Schmuckstücke in Form und Verzierung dem heutigen Schmuck ähnlich sind. Die berühmtesten Goldschmiedewerkstätten des Mittelalters waren in Gandscha, Barda, Schemacha, Täbris und Nachitschewan.
Im 10. Jahrhundert verbreiteten sich muselmanische Zierelemente und uniformierten nahezu die Erzeugnisse. Der Grund dafür war in erster Linie der lebhafte Handel, der die Goldschmiedearbeiten vor allem in von Muselmanen bewohnte Gebiete lieferte. Der Schmuck war damals hochgeschätzt und erfüllte eine dem Geld gleichrangige Funktion. Der Mongoleneinfall im 13. Jahrhundert bereicherte die Goldschmiedekunst mit neuen Elementen. Es tauchten chinesische, mongolische und andere nah- und fernöstliche Formen auf. Im 14. Jahrhundert z. B. wurden die chinesischen Motive bevorzugt. Auf den Schmuckstücken sind stilisierte Wolken, sich ringelnde Wasserpflanzen und blühende Blumen zu erkennen.
Viele Goldschmiedeerzeugnisse aus dem 16. Jahrhundert befinden sich außer in den örtlichen Museen in der Leningrader Eremitage und in der Moskauer Orushenaja Palata sowie in ausländischen Sammlungen. An der Herstellung dieser Gegenstände waren nicht nur Gold- und Silberschmiede, sondern auch Maler, Bildhauer und Miniaturmaler beteiligt. Ein solches Werk ist z. B. der in der Moskauer Orushenaja Palata aufbewahrte wunderbare silberne Schild. Die Außenseite ziert eine meisterhaft dargestellte Jagdszene, ein Detail der bekannten Miniatur des berühmten Meisters Sultan Muhammed. Aus Quellen wissen wir, daß der Schild keine Imitation ist, sondern daß bei seiner Herstellung Sultan Muhammed selbst mitgewirkt hat.
Baku war im 16. und 17. Jahrhundert ein Zentrum der Waffenschmiedekunst. Hier wurden Silberpanzer, Schilde, Dolche und Schwerter hergestellt, die man mit Emailmalerei, Edelsteinen, feinen Gravierungen, Reliefs und Bildern reich verzierte.
Im 18. und 19. Jahrhundert arbeiteten viele Goldschmiede in Schemacha, Gandscha, Täbris, Ardebil und anderen Städten. Sie lebten in zusammenhängenden Straßenzeilen. Ihre Zünfte beherrschten je einen Stadtteil, so z. B. existierte noch in den dreißiger Jahren des 20. Jahrhunderts in Baku die Straße der Goldschmiede. Im 18. Jahrhundert wurden die beiden Städte Logitsch und Basgol im Khanat von Schemacha durch ihre Goldschmiede berühmt. Die wunderbaren türkischen Säbel, Lanzen, Hellebarden, Flinten, feinen Gold-, Silber- und Kupferbeschläge und Einlagen aus Logitsch konnten mit den besten Kunstschmiedeerzeugnissen der Welt konkurrieren.

Wie in den anderen muselmanischen Ländern wandte man auch hier am häufigsten Pflanzenmotive an. Entsprechend den lokalen Eigenheiten machten die Verzierungen eine langsame Wandlung durch. Von den Blumenmotiven waren Rosen, Iris, Narzissen, Tulpen, Lilien und Nelken besonders beliebt. Oft findet man die Darstellung von Vögeln, die sich gegenüberstehen. Im Laufe ihrer langen Tradition geriet die Goldschmiedekunst unter vielerlei fremden Einfluß, der sich aber mit der Zeit dem lokalen Geschmack und den örtlichen Formen anpaßte. So haben die aserbaidschanischen Goldschmiedeerzeugnisse bis zum heutigen Tag ihre nationale Eigenart bewahrt.

Die Teppichweberei

In der Fachliteratur und auch in der mündlichen Überlieferung wird angenommen, daß die Geburtsstätte der Teppichweberei im Kaukasus liegt. Dies konnte aber bis in die heutige Zeit nicht bewiesen werden, denn aus dieser Gegend kennen wir lediglich einige Stücke aus dem 17. Jahrhundert, die meisten Teppiche stammen aus dem 18. Jahrhundert. Vor kurzer Zeit hat man in der Gegend von Pasyryk im Altaigebirge einen 2400 Jahre alten Teppich gefunden, der im Gebiet von Aserbaidschan hergestellt wurde.
Die Teppichweberei blickt also auf eine lange Vergangenheit zurück, und ihre Erzeugnisse wurden durch besonders gute Qualität sowie spezifische Farben und Muster berühmt. Die Muster schöpfen aus alten Traditionen der Volkskunst und vererben sich von Generation zu Generation. Man verwendete nur gute seidigschimmernde Wollfäden, das Grundnetz wurde aus Baumwolle angefertigt.
Die charakteristischen Elemente der Teppiche wechselten je nach ihrer Herstellungsart. Die Teppiche aus Schirwan sind von kleinem Format, fein geknüpft und gezeichnet. Die zentralen Flächen sind von stilisierter geometrischer Ornamentik ausgefüllt. Die geometrischen Formen imitieren manchmal Tierfiguren. Die Grundfarben der mit Vierekken, Ovalen, Rhomben, Sternrosetten oder T-Formen verzierten Teppiche sind Himbeerrot, Dunkel- und Hellblau. Die Muster prangen in Weiß, Rot und allen Schattierungen von Rosenrot, Braun, Goldgelb, Grünblau und Schwarz.
Die Kasak-Teppiche sind unter den Teppichen aus Aserbaidschan und dem Kaukasus die bekanntesten und beliebtesten, sie sind dicht und schwer. Ihre Ornamentik ist großzügig und bunt. Die Kasak-Teppiche übten einen großen Einfluß auf die Mustergebung der armenischen Teppiche aus. In der Mitte des Teppichs befinden sich zwei oder drei

Medaillons. Oft werden die doppelt gerahmten Medaillons mit hakenförmigen Figuren ausgefüllt. Die freien Flächen neben den großen Medaillons sind von geometrischer oder Pflanzenornamentik dicht bedeckt, die meistens in grüner, roter, blauer oder weißer Grundfarbe gehalten ist. Die Bordüre besteht aus zwei gleichen Streifen. Die häufigsten Farben der Kasak-Teppiche sind Weiß, Hellrot, Blau, Hellblau, Grün, Gelb und Creme.

Die Karabag-Teppiche sind durch ihre abwechslungsreiche Ornamentik bekannt und beliebt geworden. Es handelt sich um kaukasische Ornamentik, die aber auch einen gewissen persischen Einfluß zeigt. Die ganze Fläche ist von Ornamenten, vor allem Pflanzengirlanden, ausgefüllt. Die Grundfarbe der Karabag-Teppiche ist Violettrot oder Grünblau. Ihre Bordüre besteht aus einem breiteren und einigen schmaleren Streifen mit Pflanzenornamentik. Außer den beiden Grundfarben verwendete man am häufigsten die Schattierungen von Grün, Rot, Blau, Hellblau, Gelb und Creme.

Außer den genannten Teppichen knüpfte man Ende des 17. Jahrhunderts und im 18. Jahrhundert in Aserbaidschan auch die sogenannten Gartenteppiche. Hier wird besonders stark persischer Einfluß sichtbar. In der Mitte des Teppichs sind Teiche, Bäume und Schwäne dargestellt. Die Linien sind steif, archaisch und symbolisch, sie erinnern an ägyptische Wandbilder.

In den letzten hundert Jahren werden auf Bestellung auch Menschengestalten, Gruppen oder Porträts in Teppiche gewebt. Damit ist ein bisher völlig unbekanntes Genre entstanden, das großes Aufsehen und Interesse erweckte und den aserbaidschanischen Künstlern unzählige internationale Goldmedaillen eintrug.

Literatur

Aschurbeili, S.: *Toponimika Apscherona w swjasi s woprossom etnogenesa aserbaidschanzew*. Baku 1967

Akserowa, N. S.: *Architekturny ornament Aserbaidschana*. Baku 1959

Aserbaidschan. Sowjetski Sojus. Moskwa 1971

Bretanizki, L.—Latijew, S.—Mamikonow, L.—Motis, D.: *Nucha*. Moskwa 1948

Bretanizki, L.—Salamsade, A.: *Kirowabad*. Moskwa 1960

Bretanizki, L.: *Baku*. Moskwa 1965

Bretanizki, L.: *Sodtschestwo Aserbaidschana XII–XV. ww. i ewo mesto w architekture Perednewo Wostoka*. Moskwa 1966

Bretanizki, L.: *Baku*. Moskwa—Leningrad 1970

Zeblynin, U. P.: *Kratki otscherk istorii dworza schirbanschachow w Baku*. Baku 1939

Dadaschew, S. A.: *Pamjatniki aserbaidschanskoi architektury w Baku*. Baku 1938

Dadaschew, S. A.—Usseinow, M. A.: *Ansambl dworza schirawanschachow w Baku*. Moskwa 1965

Glück, H.—Diez, E.: *Kunst des Islam. Propyläen Kunstgeschichte*. Berlin 1925

Chalilew, K.: *Aserbaidschanskaja SSR*. Moskwa 172

Kadsijewa, M.: *Aserbaidschan*. Baku 1960

Kassimsade, E.: *Problemy raswitii aserbaidschanskoi sowjetskoi architekturi na sowremennom etape*. Baku 1967

Kerimow, L.: *Aserbaidschanski kower*. Baku 1967

Kowry Aserbaidschanskoi SSR. Moskwa 1952

Ledács Kiss A.—Szütsné Brenner K.: *Ismerjük meg a keleti szőnyegeket* [Orientalische Teppiche]. Budapest 1963

Lewiatow, W.: *Pomjatniki aserbaidschanskoi kultury (Bakinski dworez schirawanschachow)*. Baku 1944

Mamikonow, L.: *Restaurazia tschasti sten bakinskoi Kreposti*. Moskwa 1958

Nurijewa, A. J.: *Sodtschestwo Apscherona XVII–XIX. ww*. Moskwa 1964

Pamjatniki istorii Aserbaidschana. Baku 1956

Rassim, E.: *Juwelirnoe iskusstwo Aserbaidschana*. Baku 1956

Salamsade, A.—Abaul Warab Rachim Ogly: *Architektura Aserbaidschana XIV–XIX. ww*. Baku 1964

Sarre, F.: *Die Kunst des alten Persien*. Berlin 1923

Sarkissow, N.: *Architekturnaja Keramika Aserbaidschana*. Moskwa 1965

Tulijew, A. B.: *Aserbaidschanskije kowri i ich towarowedtscheskaja charakteristika*. Moskwa 1954

Usseinow, M. A.: *Pamjatniki aserbaidschanskowo sodtschestwa*. Moskwa 1951

Usseinow, M. A.: *Istoria architektury Aserbaidschana*. Baku 1963

Usseinow, M. A.—Bretanizki, L.—Salamsade, A.: *Istoria architektury Aserbaidschana*. Baku 1963

Verzeichnis der Schwarzweißfotos

37. Baku, Teil des Synyk-kala-Minaretts. 1078/79
38. Baku, Stützpfeiler der Jungfernbastei. Fundamente aus dem 5. Jh., Bastei aus dem 12. Jh.
39. Baku, Tür zur Jungfernbastei. 12. Jh.
40. Baku, die Jungfernbastei
41. Baku, Jungfernbastei und Teil des „Wellenbrechers". 12. Jh.
42. Die Ausläufer des Kaukasus in Nachitschewan
43. Nachitschewan, oberer Teil des Jussuf-ibn-Kusejir-Mausoleums. 1162
44. Nachitschewan, Eingang zum Jussuf-ibn-Kusejir-Mausoleum. 1162
45/46. Nachitschewan, Teilansicht des Jussuf-ibn-Kusejir-Mausoleums. 1162
47. Nachitschewan, Eingang zum Mu'mine-Chatun-Mausoleum. 1186
48. Nachitschewan, Teilansicht des Mu'mine-Chatun-Mausoleums. 1186
49. Landschaft
50. Furt des Kura-Flusses
51. Mihrab des Scheich-Chorassan-Mausoleums am Ufer des Alindscha. Ende 12.–Anfang 13. Jh.
52. Das Innere des Scheich-Chorassan-Mausoleums. Ende 12.–Anfang 13. Jh.
53. Gewölbe des Scheich-Chorassan-Mausoleums. Ende 12.–Anfang 13. Jh.
54/58. Baku, die Ruinen von Bajilow. 1234/35
59. Wohnturm und Burgmauern der Burg Mardakjan. Mitte 14. Jh.
60. Aserbaidschaner mit Esel
61/62. Grabsteine vom Friedhof in Nardaran
63. Das Mausoleum von Karabaglar vor dem Berg Sangesugi. Minarett: 12. Jh., Mausoleum: 1319–1335
64. Die zwei Minarette des Mausoleums von Karabaglar. 12. Jh.
65. Teilansicht der zwei Minarette des Mausoleums von Karabaglar. 12. Jh.
66. Buchdeckel. Museum in Nachitschewan
67. Baku, Eingang und Minarett der Dschuma-Moschee. 15. Jh.
68. Baku, Teilansicht des Minaretts der Dschuma-Moschee. 15. Jh.
69. Baku, Palastkomplex der Schahs von Schirwan, vom oberen Hof gesehen. Moschee: Anfang 15. Jh., Minarett: 1441
70. Baku, Palastkomplex. Ruinen der Kej-Kobad-Moschee: 13. Jh., Mausoleum des Said Jachja Bakuwi: 15. Jh.
71. Baku, Palastkomplex. Der mittlere Pavillon des Divan-hane. 15. Jh.

107. Frauen auf dem Feld
108. Teeplantage
109. Frühbeete im Kura-Tal
110. Seidenraupenpuppen
111. Weberei
112. Am Ufer des Araks
113. Porträt eines Aserbaidschaners
114. Rohre der Erdölleitung
115. Der große Baum
116. Silbergürtel. Baku, Historisches Museum von Aserbaidschan
117. Silberner Armreif. 17. Jh. Museum in Nachitschewan
118. Silbernes Ohrgehänge
119. Kupferkrug. 15. Jh. Museum in Nachitschewan
120. Kupferkrug. 12. Jh. Museum in Nachitschewan
121. Polierter Kupferkelch. 17. Jh. Museum in Nachitschewan
122. Kupfergefäß. 15. Jh. Museum in Nachitschewan
123. Gravierter Kupferkessel. 17. Jh. Museum in Nachitschewan
124. Emailgefäß. 7.–9. Jh. Kabala
125. Kupfergefäß. 18. Jh. Museum in Nachitschewan
126. Kupferhelm. 17. Jh. Museum in Nachitschewan
127. Detail des Helmes von Bild 126
128. Kaukasisches Schwert und Scheide mit Blattschmuck. 18–19. Jh. Baku, Historisches Museum von Aserbaidschan
129. Intarsien. 17. Jh. Museum in Nachitschewan
130. Baku, Regierungspalast
131. Baku, Denkmal der 26 Kommissare von Baku
132. Baku, Aussicht auf die Stadt von der Altstadt

Bildteil

2, 3, 4

5, 6

7, 8, 9

10, 11

12, 13

15, 16, 17, 18

21, 22, 23

24, 25, 26

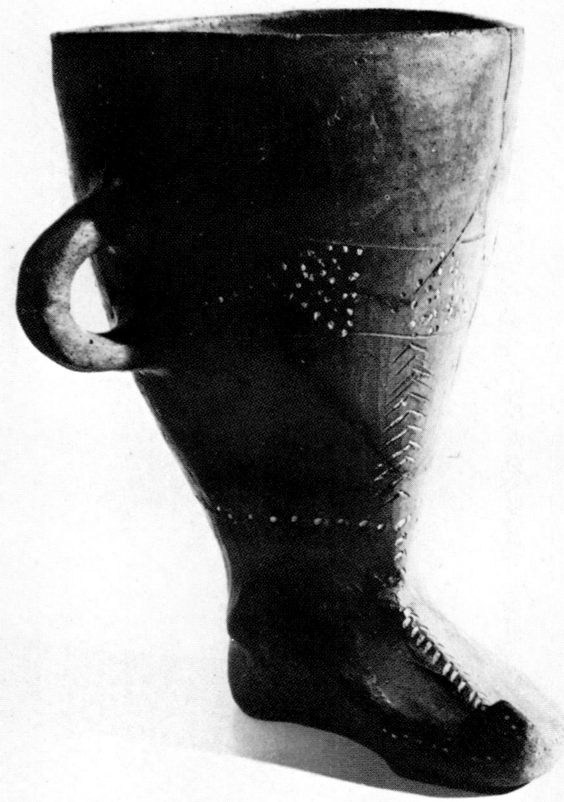

28, 29, 30

33, 34, 35, 36

37, 38

39, 40, 41

43, 44

45
46

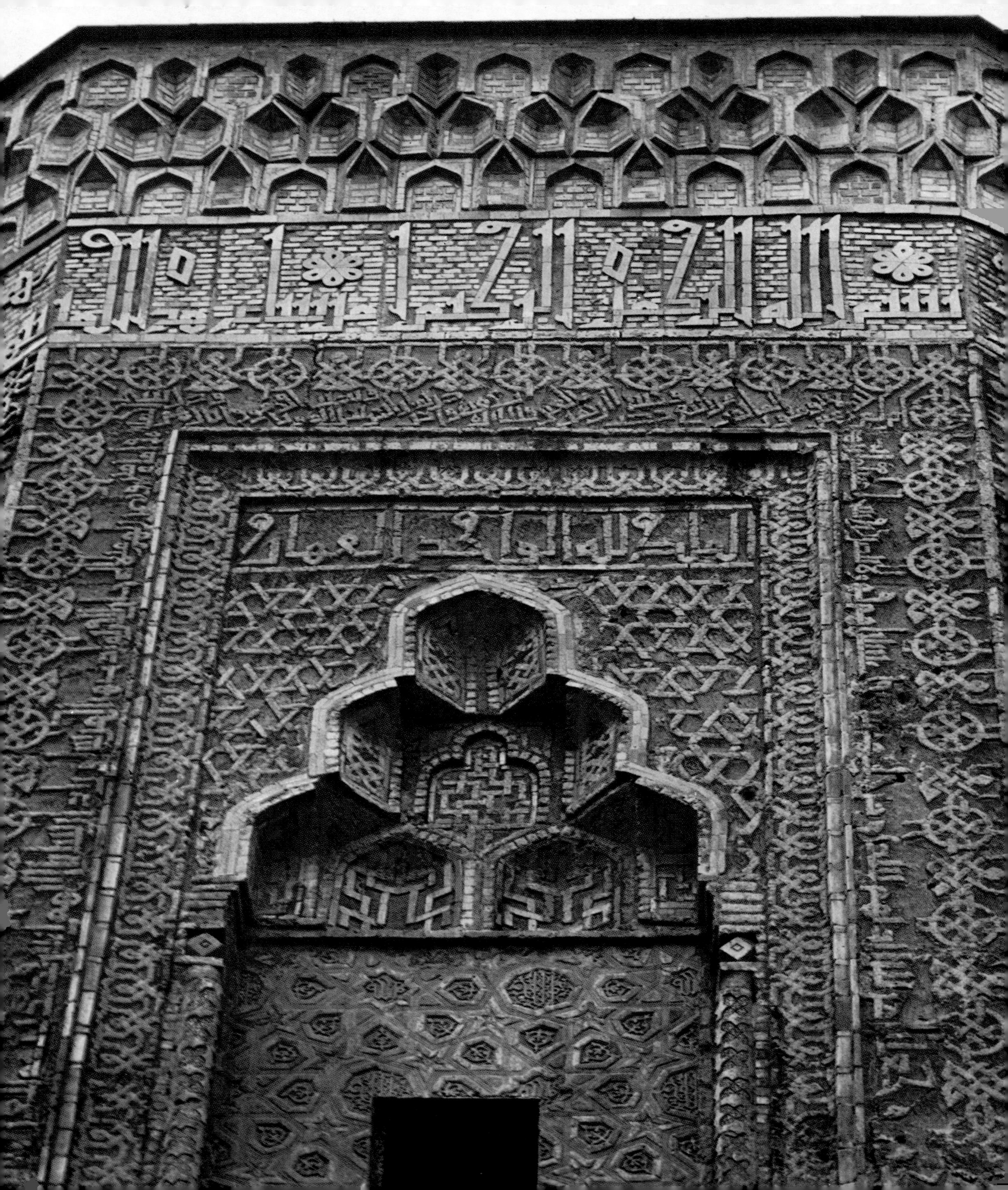

49, 50

51, 52, 53

54, 55

56, 57, 58

63, 64

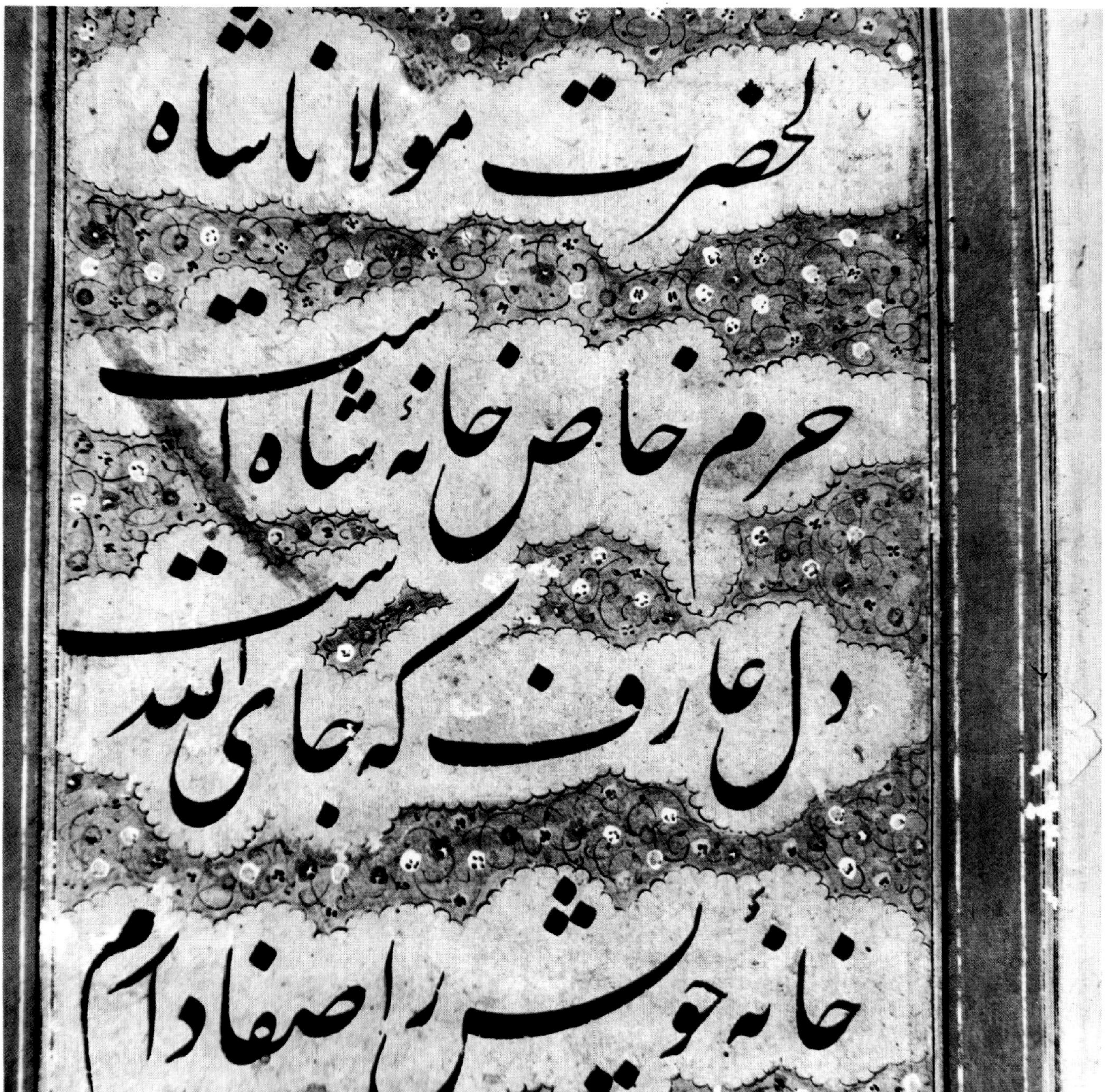
لحضرت مولانا شاه
حرم خاص خانهٔ شاه است
دل عارف که جای الله است
خانهٔ خویش را صفا دادم

67, 68

70

71, 72

73, 74, 75

76
77

8

8

82, 83

86, 87

88, 89

90, 91

96
97

98, 99

102, 103

104, 105

106, 107

112, 113

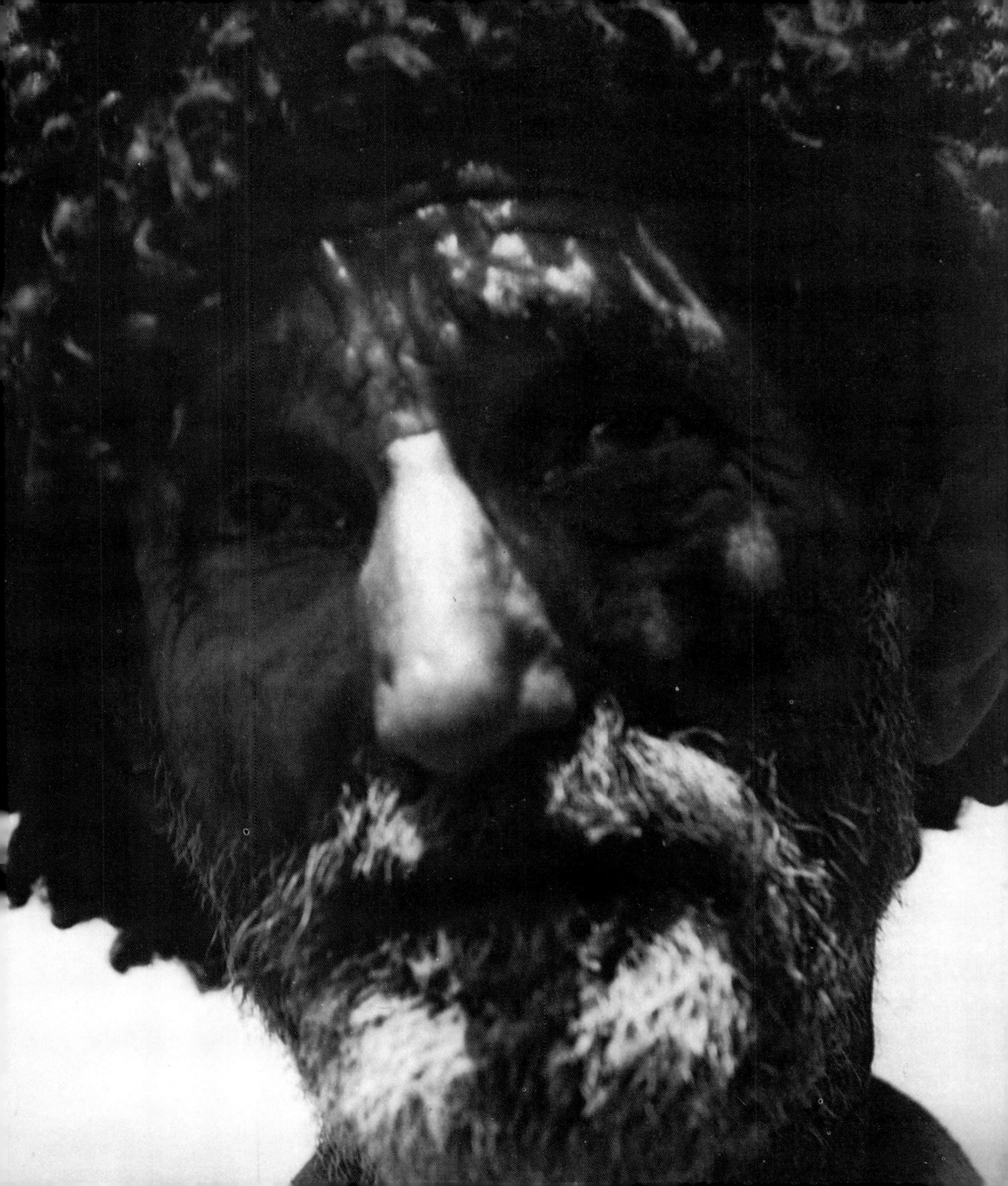

114, 115

119, 120

122, 123

124, 125

126, 127

128, 129